A1⁺

Anne Buscha ▪ Szilvia Szita

Begegnungen

Deutsch als Fremdsprache

Integriertes Kurs- und Arbeitsbuch

Sprachniveau A1⁺

Teilband 2

Mit Zeichnungen von Jean-Marc Deltorn

SCHUBERT Verlag

Das vorliegende Lehrwerk beinhaltet Hörtexte.

 Hörtext

Die Hörmaterialien stehen in unserer App **SCHUBERT-Audio**
und auf unserer Website unter **schubert-verlag.de/medien**
zum Download zur Verfügung.

Redaktion: Albrecht Klemm
Layout und Satz: Regina Lang, Diana Liebers
Zeichnungen: Jean-Marc Deltorn

Die Hörtexte wurden gesprochen von:
Patrick Becker, Burkhard Behnke, Claudia Gräf,
Caroline Hassert, Beatrix Hermens, Philipp Oehme,
Susanne Prager, Axel Thielmann

© SCHUBERT-Verlag, Leipzig
  1. Auflage 2021
  Alle Rechte vorbehalten
  Printed in Germany
  ISBN: 978-3-96915-007-8

Inhaltsverzeichnis

| Kursübersicht | IV |

| **1** | **Guten Tag** | **7** |

Teil A Sich vorstellen/Länder/Berufe 8
Das Alphabet 10
Sprachen und Länder 13
Die Zahlen 15
Personen und Hobbys 18
Teil B Wissenswertes *(fakultativ)* 21
Teil C Personalpronomen und Verben im Präsens ... 25
Satzbau 28
Die Nomengruppe 29
Teil D Rückblick 32

| **2** | **Erste Kontake am Arbeitsplatz** | **35** |

Teil A Rund um die Arbeit: Im Büro 36
Rund um die Arbeit: An der Universität 41
Freizeit 43
Teil B Wissenswertes *(fakultativ)* 47
Teil C Die Nomengruppe 48
Verben 50
Die Negation 52
Lokale Präpositionen 53
Fragen 53
Teil D Rückblick 54

| **3** | **Unterwegs in München** | **57** |

Teil A Im Hotel 58
Der Stadtplan 66
In München 67
Teil B Wissenswertes *(fakultativ)* 72
Teil C Die Nomengruppe 74
Verben 77
Präpositionen 81
Teil D Rückblick 82

| **4** | **Essen und Trinken** | **85** |

Teil A Frühstück im Hotel 86
Essen und Trinken 90
Im Restaurant 95
Teil B Wissenswertes *(fakultativ)* 98
Teil C Die Nomengruppe 100
Verben 102
Personalpronomen im Akkusativ ... 105
Teil D Rückblick 106

| **A** | **Anhang** | |

1 Wichtige Redemittel für den Unterricht VII
2 Lösungen IX

| **5** | **Alltag** | **109** |

Teil A Tagesablauf 110
Stress im Büro 114
Am Computer 120
Einen Termin vereinbaren 121
Teil B Wissenswertes *(fakultativ)* 128
Teil C Verben 130
Temporale Präpositionen 136
Teil D Rückblick 137

| **6** | **Reisen** | **141** |

Teil A Die Jahreszeiten und das Wetter 142
Reiseziele 144
Reisevorbereitungen 145
Verkehrsmittel 151
Teil B Wissenswertes *(fakultativ)* 157
Teil C Satzverbindungen: Konjunktionen 159
Verben 160
Die Nomengruppe 164
Teil D Rückblick 166

| **7** | **Wohnen** | **169** |

Teil A Eine Wohnung in der Stadt 170
Die Wohnungseinrichtung 178
Die Hausordnung 183
Teil B Wissenswertes *(fakultativ)* 185
Teil C Lokalangaben 187
Verben 189
Adjektive 192
Nomen 193
Teil D Rückblick 194

| **8** | **Begegnungen und Ereignisse** | **197** |

Teil A Gute Wünsche und schöne Geschenke ... 198
Die Gesundheit 201
Entschuldigungen 205
Was ist noch alles passiert? ... 207
Teil B Wissenswertes *(fakultativ)* 210
Teil C Verben 213
Teil D Rückblick 218

| **A** | **Anhang** | **221** |

1 Übungstest zur Prüfungsvorbereitung 222
2 Wichtige Redemittel für den Unterricht 229
3 Grammatik in Übersichten 231
4 Unregelmäßige Verben im Perfekt 238
5 Lösungen VII

Kursübersicht

1 Begrüßung und Vorstellung 7

Sprachliche Handlungen	Begrüßen ▪ Sich und andere vorstellen ▪ Buchstabieren ▪ Zählen
Wortschatz	Angaben zur Person: Name, Alter, Familie ▪ Länder ▪ Städte ▪ Berufe ▪ Sprachen ▪ Hobbys ▪ Zahlen
Grammatik	Personalpronomen und Verben im Präsens ▪ Personalpronomen ▪ Aussagesätze ▪ Fragesätze ▪ Bestimmter Artikel ▪ Possessivartikel
Aussprache	Die Satzmelodie ▪ Das Alphabet ▪ Die Laute sch [ʃ] und sp [ʃp] ▪ Diphthong: ei [ai]
Fakultativ (Teil B)	Grafik: Die bevölkerungsreichsten Länder der Welt ▪ Das *WIE-VIELE*-Quiz ▪ Kurzinformationen über Deutschland, Österreich und die Schweiz

2 Erste Kontakte am Arbeitsplatz 35

Sprachliche Handlungen	Gespräche mit Kollegen ▪ Die Büroeinrichtung und die Abteilungen beschreiben ▪ Nach Preisen fragen ▪ Über Freizeitaktivitäten sprechen
Wortschatz	Gegenstände im Büro ▪ Abteilungen ▪ Preisangaben ▪ Hobbys ▪ Zeitangaben: Tage
Grammatik	Nomengruppe im Nominativ: bestimmter und unbestimmter Artikel ▪ Possessivartikel ▪ Pronomen ▪ Verben im Präsens ▪ Modalverb: *können* ▪ Negation ▪ Lokale Präpositionen: *aus, in, bei, nach*
Aussprache	Der Wortakzent
Fakultativ (Teil B)	Grafik: Was machen die Österreicher in ihrer Freizeit? ▪ Freizeitaktivitäten in der Schweiz

3 Unterwegs in München 57

Sprachliche Handlungen	Ein Hotelzimmer reservieren ▪ Sich im Hotel anmelden ▪ Probleme im Hotelzimmer benennen ▪ Sich in einer Stadt orientieren ▪ Informationen über Museen erfragen (Öffnungszeiten/Eintrittspreise)
Wortschatz	Hotel ▪ Wörter auf dem Stadtplan ▪ Sehenswürdigkeiten ▪ Zeitangaben: Uhrzeit, Tageszeit
Grammatik	Nomengruppe im Akkusativ ▪ Komposita ▪ Verben im Präsens ▪ Verben mit Akkusativ ▪ Modalverb: *möchte(n)* ▪ Temporale und lokale Präpositionen
Aussprache	-er [ɐ] im Auslaut ▪ Umlaute: ö [øː] und [œ]; ü [yː] und [ʏ]
Fakultativ (Teil B)	Die beliebtesten deutschen Städte ▪ München

4 Essen und Trinken 85

Sprachliche Handlungen	Essen und Trinken bestellen ▪ Nahrungsmittel einkaufen ▪ Einfache Rezepte lesen ▪ Informationen über Essgewohnheiten geben und erfragen
Wortschatz	Frühstück ▪ Lebensmittel ▪ Verpackungen und Maße ▪ Anweisungen zum Kochen ▪ Essgewohnheiten ▪ Essen im Restaurant
Grammatik	Nomengruppe im Akkusativ ▪ Plural der Nomen ▪ Modalverb: *mögen* ▪ Präteritum von *sein* und *haben* ▪ Personalpronomen im Akkusativ
Aussprache	Diphthonge: eu, äu [ɔœ̯], au [aʊ̯] ▪ Umlaute: ä [ɛː] und [ɛ]
Fakultativ (Teil B)	Das *Essen-und-Trinken*-Quiz ▪ Die Kartoffel ▪ Zwei Rezepte mit Kartoffeln

5 Alltag — 109

Sprachliche Handlungen	Den Tagesablauf beschreiben ▪ Arbeitstätigkeiten und Computerfunktionen benennen ▪ Über Vergangenes berichten ▪ Termine vereinbaren und absagen
Wortschatz	Tagesablauf ▪ Tätigkeiten am Arbeitsplatz ▪ Arbeit am Computer ▪ Terminvereinbarung ▪ Zeitangaben: Datum und Uhrzeit ▪ Anrede und Gruß in Briefen/E-Mails
Grammatik	Trennbare und nicht trennbare Verben ▪ Perfekt ▪ Modalverben: *sollen* und *müssen* ▪ Temporale Präpositionen
Aussprache	Der Wortakzent ▪ Der Laut st [ʃt]
Fakultativ (Teil B)	Grafik: Mediennutzung in Deutschland ▪ Können Sie ohne Fernseher leben?

6 Reisen — 141

Sprachliche Handlungen	Das Wetter beschreiben ▪ Über Reiseziele sprechen ▪ Gründe angeben ▪ Sachen für den Urlaub benennen ▪ Kleidung einkaufen ▪ Sich nach Fahrkarten erkundigen ▪ Über Urlaubserlebnisse berichten
Wortschatz	Wetter ▪ Jahreszeiten ▪ Monate ▪ Reiseziele ▪ Kleidung ▪ Farben ▪ Verkehrsmittel
Grammatik	Satzverbindungen: Konjunktionen ▪ Modalverb: *wollen* ▪ Imperativ ▪ Verben mit Dativ ▪ Personalpronomen im Dativ ▪ Lokale Präpositionen: Richtungsangaben
Aussprache	Die Laute ch [ç] und [x]
Fakultativ (Teil B)	Urlaubsreise: Leider nein! ▪ Was im Urlaub wichtig ist ▪ Urlaub und Geld

7 Wohnen — 169

Sprachliche Handlungen	Eine Wohnung und die Wohnlage beschreiben ▪ Wohnungsanzeigen lesen ▪ Gespräche mit einem Makler führen ▪ Über Möbel und die Wohnungseinrichtung sprechen ▪ Den Weg beschreiben ▪ Die Hausordnung lesen
Wortschatz	Wohnung ▪ Wohnlage ▪ Umgebung der Wohnung ▪ Möbel ▪ Hausordnung
Grammatik	Nomengruppe im Dativ ▪ Lokalangaben ▪ Wechselpräpositionen ▪ Verben mit Orts- und Richtungsangaben ▪ Modalverb: *dürfen* ▪ Komparation der Adjektive
Aussprache	Der Laut h [h]
Fakultativ (Teil B)	Wohnen im Vergleich

8 Begegnungen und Ereignisse — 197

Sprachliche Handlungen	Gute Wünsche formulieren ▪ Eine Einladung annehmen/absagen ▪ Die wichtigsten Körperteile nennen ▪ Einen Termin beim Arzt vereinbaren ▪ Ratschläge zum Thema Gesundheit geben ▪ Einfache Nachrichten verstehen
Wortschatz	Wünsche ▪ Einladung ▪ Körperteile ▪ Einfache Nachrichtensprache
Grammatik	Verb: *werden* ▪ Verben mit Dativ und Akkusativ ▪ Modalverben im Präteritum ▪ Vergangenheitsformen der Verben ▪ Präpositionen: *zu, von, mit, für*
Aussprache	Komposita
Fakultativ (Teil B)	Grafik: Freie Tage in der EU ▪ Die beliebteste Feier in Deutschland: die Weihnachtsfeier

Vorwort

Begegnungen A1+ ist ein modernes und kommunikatives Lehrwerk für den Anfängerunterricht. Es richtet sich an erwachsene Lerner, die auf schnelle und effektive Weise Deutsch lernen möchten. Das Lehrbuch berücksichtigt die sprachlichen, inhaltlichen und intellektuellen Anforderungen erwachsener Lerner bereits auf dem Niveau A1 des Europäischen Referenzrahmens für Sprachen.

Begegnungen A1+ bietet:

- **einen klar strukturierten Aufbau**
  Die Kapitel des Buches sind in jeweils vier Teile gegliedert:

  Teil A: Themen und Aufgaben *(obligatorischer Teil)*
  Dieser Teil umfasst Lese- und Hörtexte, Dialogübungen, Wortschatztraining, Grammatik- und Phonetikübungen zu einem Thema. Hier werden grundlegende Fertigkeiten einführend behandelt und trainiert.

  Teil B: Wissenswertes *(fakultativer Teil)*
  Im Teil B finden Sie landeskundliche Texte, Grafiken und Quizaufgaben als Sprechanlässe, die auf interessante Weise das Thema erweitern und landeskundliche Einblicke vermitteln. Teil B geht über die Anforderungen des Europäischen Referenzrahmens hinaus, ist aber durchaus bereits auf diesem sprachlichen Niveau zu bewältigen.

  Teil C: Übungen zu Wortschatz und Grammatik
  Dieser Teil ermöglicht mit zahlreichen Übungen die Vertiefung der Wortschatz- und Grammatikkenntnisse. Er enthält auch systematisierende Grammatikübersichten.

  Teil D: Rückblick
  Teil D besteht aus drei Komponenten: Redemittel, Verben und Selbstevaluation. Er dient zur Festigung des Gelernten und zur Motivation weiterzulernen.

- **die Integration von Lehr- und Arbeitsbuch in einem Band**
  Dadurch sind Vermittlung sowie Training und Übung des sprachlichen Materials eng miteinander verflochten. Das ist unkompliziert, praktisch und ermöglicht effektives Lernen.

- **eine anspruchsvolle Progression**
  Mit dem Buch gibt es keine Langeweile. Die Progression ist auf erwachsene Lerner abgestimmt, die erkennbare Lernerfolge erzielen möchten. Ein durchdachtes Wiederholungssystem sorgt für die Nachhaltigkeit der sprachlichen Fortschritte.

Die vorliegende Ausgabe von **Begegnungen A1+** besteht aus zwei Teilbänden mit jeweils vier Kapiteln: Teilband 1 – Kapitel 1 bis 4; Teilband 2 – Kapitel 5 bis 8. Jeder Teilband enthält einen Anhang mit den Lösungen zu den Übungen. Teilband 2 beinhaltet außerdem einen Vorbereitungstest auf die Sprachprüfung und eine zusammenfassende Übersicht der behandelten Strukturen. Die Hörtexte stehen kostenfrei in unserer App SCHUBERT-Audio sowie online auf unserer Website zur Verfügung.

Die Reihe **Begegnungen** führt in sechs Teilbänden bzw. in drei Vollbänden zum Niveau B1 des Europäischen Referenzrahmens für Sprachen und bereitet mit einem umfangreichen und anspruchsvollen Aufgabenangebot auf alle Sprachprüfungen vor. Die Lehr- und Arbeitsbücher werden ergänzt durch Lehrerhandbücher, die zahlreiche Arbeitsblätter und Tests zu den einzelnen Kapiteln enthalten, sowie ein Glossar zum Sprachniveau A1. Außerdem werden vielfältige Zusatzmaterialien, wie zweisprachige Redemittellisten, im Internet auf der Seite begegnungen-deutsch.de bereitgestellt. Die Lehrwerke der Reihe sind auch digital als interaktive Ausgaben erhältlich, wozu Sie unter schubert-verlag.de/digital weitere Informationen finden.

Wir wünschen Ihnen viel Freude beim Lernen und Lehren.

Anne Buscha und Szilvia Szita

Alltag

Kommunikation

- Tagesablauf beschreiben
- Arbeitstätigkeiten und Computerfunktionen benennen
- Über Vergangenes berichten
- Termine vereinbaren und absagen

Wortschatz

- Tagesablauf
- Tätigkeiten am Arbeitsplatz
- Arbeit am Computer
- Terminvereinbarung
- Zeitangaben: Datum und Uhrzeit
- Anrede und Gruß in Briefen/E-Mails

Tagesablauf

A1 **Was macht Martin?**
Hören und lesen Sie.

Um 8.00 Uhr steht Martin auf.

Um 8.30 Uhr isst Martin Frühstück.

Um 9.00 Uhr fährt Martin zur Arbeit.

Die Arbeit im Büro fängt um 9.30 Uhr an. Martin liest und schreibt viele E-Mails.

Um 10.30 Uhr ruft er Frau Körner an und vereinbart einen Termin. Danach präsentiert er ein Projekt.

Von 13.00 bis 13.30 Uhr macht Martin Mittagspause. Er geht in die Kantine.

Von 13.30 bis 17.30 Uhr arbeitet Martin wieder. Er hat eine Besprechung mit Frau Müller. Dann übersetzt er noch zwei E-Mails aus Italien.

Um 17.30 Uhr hat Martin Feierabend. Er fährt in die Stadt und kauft im Supermarkt ein. Zu Hause kocht er Fisch zum Abendessen.

Ab 19.00 Uhr sieht Martin fern. Er sieht Nachrichten und einen Spielfilm. Um 22.30 Uhr geht er ins Bett.

A2 **Verben mit und ohne Präfix**
Ergänzen Sie die Verben aus A1 im Infinitiv.

- um 8.00 Uhr: *aufstehen*
1.   8.30 Uhr: ....
2.   9.00 Uhr: zur Arbeit ....
3.   9.30 Uhr: anfangen, E-Mails .... und ....
4.   10.30 Uhr: Frau Körner ...., einen Termin ....
5.   13.00 Uhr: Mittagspause ...., in die Kantine ....
6.   13.30 Uhr: eine Besprechung ...., zwei E-Mails ....
7.   17.30 Uhr: Feierabend ...., in die Stadt ...., im Supermarkt ...., Fisch ....
8.   19.00 Uhr: ...., einen Spielfilm ....
9.   22.30 Uhr: ins Bett ....

Verben mit Präfix		⇨ Teil C Seite 130
aufstehen: einkaufen: fernsehen: anfangen:	ich stehe auf ich kaufe ein ich sehe fern ich fange an	Diese Verben sind trennbar. Das Präfix steht am Satzende.
beginnen: bezahlen: vereinbaren:	ich beginne ich bezahle ich vereinbare	Verben mit den Präfixen be- oder ver- sind nicht trennbar.
übersetzen:	ich übersetze	Viele Verben mit dem Präfix über- sind nicht trennbar.

A3 **Ihr Tagesablauf**
Fragen Sie Ihre Nachbarin/Ihren Nachbarn und berichten Sie.

a) Wann?

Wann stehst du (stehen Sie) auf?   *Meine Nachbarin/Mein Nachbar* ....

Wann frühstückst du (frühstücken Sie)?   ....

Wann fährst du (fahren Sie) zur Arbeit/zur Universität?   ....

Wann fängt deine (Ihre) Arbeit/dein (Ihr) Unterricht an?   ....

Wann isst du (essen Sie) zu Mittag?   ....

Wann kaufst du (kaufen Sie) im Supermarkt ein?   ....

Wann isst du (essen Sie) zu Abend?   ....

Wann siehst du (sehen Sie) fern?   ....

Wann gehst du (gehen Sie) ins Bett?   ....

b) Was?

Was machst du (machen Sie) oft, manchmal oder selten?

> Freunde besuchen ▪ Deutsch lernen ▪ Hausarbeit machen ▪ kochen ▪ studieren ▪ ausgehen ▪ in die Kneipe
> gehen ▪ fernsehen ▪ lesen ▪ Musik hören ▪ ins Fitnessstudio gehen ▪ ins Theater gehen ▪ im Internet surfen

Meine Nachbarin/Mein Nachbar ...
Sie/Er ...

A4 Die Tagesabläufe von Elli und Marcus
Hören Sie. Was ist richtig, was ist falsch? Kreuzen Sie an.

Das ist Elli.

		richtig	falsch
■	Elli wohnt in München.	✗	☐
1.	Sie studiert Germanistik.	☐	☐
2.	Sie steht um 9.30 Uhr auf.	☐	☐
3.	Tagsüber studiert sie.	☐	☐
4.	Abends arbeitet Elli in einem Restaurant.	☐	☐
5.	Sie braucht das Geld für ihre Eltern.	☐	☐
6.	Elli mag keine Hamburger.	☐	☐

Das ist Marcus.

		richtig	falsch
1.	Marcus steht um 8.00 Uhr auf.	☐	☐
2.	Mittags isst er alleine in der Kantine.	☐	☐
3.	Er arbeitet bis 17.00 Uhr.	☐	☐
4.	Nach der Arbeit spielt er manchmal Tennis.	☐	☐
5.	Er kann sehr gut kochen.	☐	☐
6.	In der Regel isst er um 19.00 Uhr Abendbrot und sieht fern.	☐	☐

A5 Wie spät ist es?
Hören und wiederholen Sie die Uhrzeit.

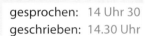

gesprochen: 14 Uhr 30
geschrieben: 14.30 Uhr

Es ist eins.
Es ist ein Uhr/13 Uhr.

Es ist halb drei.
Es ist 14.30 Uhr.

Es ist Viertel nach fünf.
Es ist 17.15 Uhr.

Es ist Viertel vor sieben.
Es ist 18.45 Uhr.

Es ist zehn (Minuten) nach vier.
Es ist 16.10 Uhr.

Es ist fünf (Minuten) vor neun.
Es ist 20.55 Uhr.

A6 **Wann …?**

Hören Sie. Notieren Sie die genaue Uhrzeit.

■ Wann kommst du? Ich komme um *9.55* Uhr.

1. Wann fängt das Konzert an? Es fängt .... Uhr an.

2. Wie spät ist es? Es ist .... Uhr.

3. Wann landet das Flugzeug? Es landet .... Uhr.

4. Wann öffnet das Museum? Das Museum öffnet .... Uhr.

5. Wann beginnt der Unterricht? Der Unterricht beginnt .... Uhr.

6. Wann fährt dein Bus? Mein Bus fährt .... Uhr.

7. Wann können wir uns treffen? Morgen früh .... Uhr.

8. Wann kommt der Zug aus Berlin an? Der Zug aus Berlin kommt .... Uhr in Leipzig an.

Zeitpunkt
Wann beginnt das Konzert? Es beginnt (um) 20.00 Uhr. Wann ist das Konzert zu Ende? Ungefähr (um) 23.00 Uhr.

A7 **Wie lange dauert …?**

Ergänzen Sie.

■ Wie lange dauert 1 (eine) Stunde?
Eine Stunde dauert 60 Minuten.

1. Wie lange dauert ½ (eine halbe) Stunde?
.... *Minuten.*

2. Wie lange dauern 2 (zwei) Stunden?
.... *Minuten.*

3. Wie lange dauern 1 ½ (anderthalb) Stunden?
.... *Minuten.*

4. Wie lange dauern 2 ½ (zweieinhalb) Stunden?
.... *Minuten.*

Dauer
Wie lange dauert das Konzert? Es dauert ungefähr drei Stunden. Es dauert von 20.00 Uhr bis 23.00 Uhr. Beginn ⎯Dauer⟶ Ende

A8 **Zeitpunkt und Zeitdauer**

Lesen Sie die Informationen und beantworten Sie die Fragen.

Deutschkurs 18.30–21.00 Uhr	Fotomuseum 14.00–18.00 Uhr	Konzert 19.30–22.00 Uhr	Arbeitszeit 9.00–17.00 Uhr
Flug 16.30–19.30 Uhr	Schlaf 23.00–7.00 Uhr	Bus 17.32–18.02 Uhr	??? Uhrzeit

■ Wann fängt das Konzert an?　　　　*Das Konzert fängt um 19.30 Uhr an.*

1. Wie lange dauert das Konzert?　　*Es dauert* ....

2. Wie spät ist es? ....

3. Wann landet das Flugzeug aus München? ....

4. Wie lange dauert der Flug von München nach Madrid? ....

5. Wann öffnet das Fotomuseum? ....

6. Wann schließt das Fotomuseum? ....

7. Wann beginnt der Deutschunterricht? ....

8. Wie lange dauert der Unterricht? ....

9. Wann fährt dein Bus? ....

10. Wie lange fährst du? ....

11. Wann beginnt Ihre Arbeit? ....

12. Wie viele Stunden arbeiten Sie am Tag? ....

13. Wann stehst du auf? ....

14. Wie lange schläfst du? ....

Stress im Büro

A9 **Wer muss etwas tun?**
Bilden Sie Sätze. Beachten Sie den Satzbau.

Das **müssen** die Mitarbeiter tun:

Martin:	55 E-Mails beantworten
ich:	einen Termin mit Frau Kümmel vereinbaren
Irina:	zwei Kollegen in München anrufen
du:	ein Gespräch über das neue Projekt führen
wir:	ein Angebot für die Firma MEFA schreiben
Otto:	den Computer reparieren
ich:	meine E-Mails lesen
ihr:	Gäste begrüßen

Das ist wichtig und notwendig:

■ *Martin muss heute noch 55 E-Mails beantworten.*

1. *Ich* ....

2. ....

3. ....

4. ....

5. ....

6. ....

7. ....

müssen		⇨ Teil C Seite 131
Singular	ich	muss
	du	musst
	er/sie/es	muss
Plural	wir	müssen
	ihr	müsst
	sie	müssen
formell	Sie	müssen

A10 **Wer soll etwas tun?**
Bilden Sie Sätze. Beachten Sie den Satzbau.

Das **sollen** die Mitarbeiter heute noch alles tun:

die Assistentin:	für Frau Weber ein Hotelzimmer buchen
du:	einen Tisch im Restaurant für zwei Personen reservieren
Maria:	zwei E-Mails aus Portugal übersetzen
ich:	einen Blumenstrauß für Frau Krause bestellen
Peter:	Herrn McDonald in Amerika anrufen
ihr:	den Termin mit Frau Kümmel absagen
Hans:	ein Computerproblem lösen

Das sind die Aufträge von Frau Weber (Chefin):

1. *Die Assistentin soll* ....

2. ....

3. ....

4. ....

5. ....

6. ....

7. ....

sollen		⇨ Teil C Seite 131
Singular	ich	soll
	du	sollst
	er/sie/es	soll
Plural	wir	sollen
	ihr	sollt
	sie	sollen
formell	Sie	sollen

A11 **Was musst du/müssen Sie morgen machen?**
Fragen Sie Ihre Nachbarin/Ihren Nachbarn und berichten Sie.

> Kaffee kochen ▪ zur Arbeit/zur Universität fahren ▪ E-Mails lesen und schreiben ▪ Gespräche führen ▪
> telefonieren ▪ Termine vereinbaren ▪ Lehrveranstaltungen besuchen ▪ Deutsch lernen ▪ Bücher lesen ▪
> Essen und Getränke einkaufen ▪ Abendessen kochen …

- ■ Was musst du morgen machen?
  Was müssen Sie morgen machen?

    □ Zuerst – dann – um … Uhr – danach

- ■ *Ich muss morgen …*
- ■ *Meine Nachbarin/Mein Nachbar muss morgen …*

A12 **Was soll ich machen?**
Formulieren Sie Fragen und antworten Sie.

> Spaghetti ▪ das Fenster ▪ der Computer ▪ der Brief ▪
> Eintrittskarten ▪ der Fernseher ▪ die E-Mail ▪ ein
> Hotelzimmer ▪ zwei Plätze im Restaurant „Edel"

> einschalten ▪ übersetzen ▪ reservieren ▪
> öffnen ▪ reparieren ▪ schreiben ▪ kochen ▪
> buchen ▪ kaufen

- ■ Soll ich zum Mittag *Spaghetti* kochen?   *Nein, das brauchst du nicht. Ich mache das schon.*
  Ja, bitte.
  Ja, das ist nett! Danke!

1. ....
2. ....
3. ....
4. ....
5. ....
6. ....
7. ....
8. ....

A13 **Der Terminkalender von Paula Schneider**
Lesen Sie die Termine und bilden Sie Sätze.

Um 8.00 Uhr liest und schreibt Paula E-Mails.

....
....
....
....
....
....
....
....
....
....

≡	**7.** **November** ⌄ 📅 ⋮
	Montag
8.00	E-Mails lesen
10.00	eine Kaffeepause machen
10.15	mit Kolleginnen und Kollegen über ein neues Projekt sprechen
11.00	eine Besprechung mit Gästen aus Italien haben
12.30	etwas im Restaurant „Roma" essen
14.00	einen Flug nach London buchen
14.30	gemeinsam mit Oliver ein Softwareproblem lösen
15.00	nach Erding fahren

A14 **Was hat Paula gemacht?**
a) Hören und lesen Sie den Dialog.

2.06

Max Schneider:	Wie war dein Tag, Paula?
Paula Schneider:	Danke, gut.
Max Schneider:	Was hast du gemacht?
Paula Schneider:	Nichts Besonderes. Ich habe sehr viele E-Mails gelesen und geschrieben.
Max Schneider:	Hast du mit deinen Kollegen über das neue Projekt gesprochen?
Paula Schneider:	Ja, zuerst haben wir Kaffee getrunken, dann haben wir über das Projekt gesprochen. Viele Kollegen finden es sehr interessant. Ich hatte auch eine Besprechung mit Gästen aus Italien. Danach haben wir im Restaurant „Roma" etwas gegessen.
Max Schneider:	War das Essen gut?
Paula Schneider:	Sehr gut.
Max Schneider:	Hast du dein Computerproblem gelöst?
Paula Schneider:	Ja, Oliver und ich haben das Problem gemeinsam gelöst. Danach bin ich noch nach Erding gefahren. Dort wohnt eine Kundin.
Max Schneider:	Du hast wirklich hart gearbeitet!
Paula Schneider:	Ja, den Flug nach London habe ich auch schon gebucht. Und was hast du heute gemacht?
Max Schneider:	Ich hatte meinen freien Tag, das heißt, ich habe einfach mal nichts gemacht.

b) Lesen Sie den Text laut.

c) Lesen Sie die Sätze und unterstreichen Sie die Verben. Wie heißt der Infinitiv?

■ Paula <u>hat</u> heute viel <u>gemacht</u>.   *machen*

1. Sie hat E-Mails gelesen und geschrieben.   ....

2. Sie hat Kaffee getrunken.   ....

3. Sie hat mit Kollegen gesprochen.   ....

4. Sie hat im Restaurant „Roma" gegessen.   ....

5. Sie hat ein Problem gelöst.   ....

6. Sie hat einen Flug gebucht.   ....

7. Sie ist nach Erding gefahren.   ....

8. Sie hat hart gearbeitet.   ....

A15 **Das Partizip II**
Ergänzen Sie die Verben aus A14.

Partizip: *ge-* + Verbstamm + *t*	Partizip: *ge-* + Verbstamm + *en*
Sie hat viel gemacht.	....
....	....
....	....
....	....
....	....
regelmäßige Verben	**unregelmäßige Verben**

Die Vergangenheitsform der Verben
⇨ Teil C Seite 132

Präteritum

Heute:	Max <u>hat</u> einen freien Tag.		Gestern:	Max hatte einen freien Tag.
	Ich <u>habe</u> eine Besprechung.	→		Ich hatte eine Besprechung.
	Das Essen <u>ist</u> gut.			Das Essen war gut.

Bei haben und sein verwendet man oft das Präteritum (*siehe Kapitel 4, S. 104*).

Perfekt

Heute:	Ich <u>fahre</u>.		Gestern:	Ich bin gefahren.
	Ich <u>lese</u>.	→		Ich habe gelesen.

In der mündlichen Kommunikation verwendet man bei vielen Verben oft das Perfekt.

	sein	oder	*haben*
Bildung:	Ich bin gefahren.		Ich habe gelesen.
	sein + Partizip II		haben + Partizip II
Verwendung:	Wechsel von Ort oder Zustand		alle anderen Verben

A16 **Was haben Sie gemacht?**
Spielen Sie einen Dialog. Fragen und antworten Sie positiv.

- Radio hören

A: *Haben Sie Radio gehört?*
B: *Ja, ich habe Radio gehört.*

1. eine Pause machen

B: ....
A: ....

2. zur Arbeit fahren

A: ....
B: ....

3. ein Problem lösen

B: ....
A: ....

4. hart arbeiten

A: ....
B: ....

5. einen Roman lesen

B: ....
A: ....

6. viele E-Mails schreiben

A: ....
B: ....

7. im Restaurant essen

B: ....
A: ....

8. einen Tee trinken

A: ....
B: ....

9. eine Reise buchen

B: ....
A: ....

10. über ein Projekt sprechen

A: ....
B: ....

A17 Was hat Martin gemacht?

a) Arbeiten Sie zu zweit. Eine Person liest die Sätze auf Seite 110 laut, eine andere die folgenden Sätze. Beide lesen abwechselnd.

Um 8.00 Uhr ist Martin auf-gestanden.

Um 8.30 Uhr hat er Frühstück gegessen.

Um 9.00 Uhr ist Martin zur Arbeit gefahren.

Die Arbeit im Büro hat um 9.30 Uhr angefangen. Martin hat viele E-Mails geschrieben und gelesen.

Um 10.30 Uhr hat er Frau Körner angerufen und einen Termin vereinbart. Danach hat er ein Projekt präsentiert.

Von 13.00 bis 13.30 Uhr hat Martin Mittagspause gemacht. Er ist in die Kantine gegangen.

Von 13.30 bis 17.00 Uhr hat Martin wieder gearbeitet. Er hatte eine Besprechung mit Frau Müller. Dann hat er noch zwei E-Mails aus Italien über-setzt.

Um 17.00 Uhr hatte Martin Feierabend. Er ist in die Stadt gefahren und hat im Super-markt eingekauft. Zu Hause hat er Fisch zum Abendessen gekocht.

Ab 19.00 Uhr hat Martin fern-gesehen. Er hat Nachrichten und einen Spielfilm gesehen. Um 22.30 Uhr ist er ins Bett gegangen.

b) Ergänzen Sie die Sätze im Perfekt (aus A17a).

Trennbare Verben

- Martin steht auf.   *Martin ist aufgestanden.*
1. Die Arbeit fängt um 9.30 Uhr an. ....
2. Martin ruft Frau Körner an. ....
3. Er kauft im Supermarkt ein. ....
4. Er sieht fern. ....

Nicht trennbare Verben

5. Er vereinbart einen Termin. ....
6. Er übersetzt zwei E-Mails. ....

Verben auf *-ieren*

7. Er präsentiert ein Projekt. ....

c) Lesen Sie die Verben und die Hinweise. Beantworten Sie die Frage.   ⇨ Teil C Seite 132

- gefahren – gelesen – geschrieben – gemacht …   →   Die meisten Verben bilden das Partizip mit *ge-*.
- vereinbart – übersetzt   →   Nicht trennbare Verben bilden das Partizip ohne *ge-*.
- präsentiert   →   Verben auf *-ieren* bilden das Partizip ohne *ge-*.
- aufgestanden – angefangen – eingekauft …   →   Welche Verben haben das *ge-* in der Mitte?

....

A18 Gestern

Was haben Sie gestern alles gemacht? Berichten Sie und benutzen Sie folgende Verben.

aufstehen ▪ essen ▪ trinken ▪ zur Arbeit/zur Universität fahren ▪ ins Kino gehen ▪ arbeiten ▪ lesen ▪ schreiben ▪ anrufen ▪ einen Termin vereinbaren ▪ präsentieren ▪ Pause machen ▪ einkaufen ▪ kochen ▪ fernsehen

A19 Dialoge

Fragen und antworten Sie. Arbeiten Sie zu zweit.

- Hat Sabine das Essen schon *(kochen)*?   *Hat Sabine das Essen schon gekocht?*
 Ja, sie hat das Essen schon gekocht.
 Nein, sie hatte noch keine Zeit.

1. Hast du schon etwas *(essen)*? ....
2. Hast du die E-Mail schon *(schreiben)*? ....
3. Habt ihr die Hausaufgaben schon *(machen)*? ....
4. Hast du das Buch schon *(lesen)*? ....
5. Hat Susanne die Kollegen in München schon *(anrufen)*? ....
6. Ist Paula schon zur Arbeit *(fahren)*? ....
7. Hast du schon den Termin mit Frau Kümmel *(vereinbaren)*? ....
8. Hat Maria die E-Mails aus Portugal schon *(übersetzen)*? ....
9. Hast du für heute Abend schon *(einkaufen)*? ....
10. Habt ihr den Film schon *(sehen)*? ....
11. Hat Otto das Projekt schon *(präsentieren)*? ....
12. Wann bist du *(aufstehen)*? ....

Am Computer

A20 **Technik im Büro oder zu Hause**
Ordnen Sie zu.

der Lautsprecher ▪ der Bildschirm ▪
die Tastatur ▪ die Maus ▪ die Taste ▪
das Kabel ▪ der Computer

1 ....

2 ....

3 ....

4 ....

5 ....

6 ....

7 ....

A21 **Was kann oder muss man alles tun?**
a) Welche Verben passen? Ordnen Sie zu.

speichern ▪ kopieren ▪ einschalten ▪ löschen ▪ (aus)drucken ▪ ausschneiden ▪ weiterleiten ▪ einfügen ▪
senden ▪ ausschalten ▪ schreiben ▪ erhalten ▪ anschließen

Computer: *einschalten,* ....

Text: *speichern,* ....

E-Mail: *speichern,* ....

Drucker: *einschalten,* ....

Daten: *speichern,* ....

b) Bilden Sie viele Sätze.

Computer: *Man muss den Computer einschalten.*
Soll ich den Computer ausschalten?
....

Text: *Bitte speichern Sie den Text.*
....
....
....

E-Mail: ....
....
....

Drucker: ....
....
....
....

Daten: ....
....
....
....

A22 Phonetik: Der Wortakzent

a) Hören und wiederholen Sie.

trennbare Verben	Der Akzent ist links.
	aufstehen – einkaufen – fernsehen – anfangen – einfügen – absagen – einschalten – ausschalten – anrufen
nicht trennbare Verben	Der Akzent ist auf dem Grundwort.
	beginnen – übersetzen – bestellen – bezahlen – vereinbaren – beantworten
Verben auf *-ieren*	Der Akzent ist auf dem *ie*.
	telefonieren – reparieren – studieren – kopieren

b) Markieren Sie den Wortakzent der Verben.

einen Termin absagen ▪ den Drucker reparieren ▪ eine Rechnung bezahlen ▪ um 9.00 Uhr beginnen ▪ Frau Müller anrufen ▪ um 8.00 Uhr aufstehen ▪ drei Stunden fernsehen ▪ an einer Universität studieren ▪ einen Termin vereinbaren ▪ einen Brief übersetzen ▪ ein Glas Mineralwasser bestellen ▪ eine E-Mail beantworten ▪ einen Text einfügen ▪ den Computer ausschalten

A23 Probleme, Probleme

Ergänzen Sie das richtige Verb.

gespeichert ▪ weitergeleitet ▪ angeschlossen ▪ eingeschaltet ▪ gelöscht ▪ gesendet

- ■ Der Text ist weg. Du hast ihn nicht *gespeichert*.
1. Die E-Mail ist nicht angekommen. Martin hat sie nicht ....
2. Der Computer geht nicht. Vera hat ihn nicht ....
3. Ich kann den Text nicht drucken. Du hast den Drucker nicht ....
4. Die Daten sind immer noch da. Frau Klein hat sie nicht ....
5. Paul hat die Information nicht bekommen. Ihr habt sie nicht ....

Einen Termin vereinbaren

A24 Die Drucker sind kaputt!

a) Hören Sie den Dialog. Welche Antwort ist richtig? Kreuzen Sie an.

1. a) ☐ Herr Kühne hat fünf Drucker gekauft.
     Alle Drucker sind kaputt.
   b) ☐ Herr Kühne hat drei Drucker gekauft.
     Alle Drucker sind kaputt.
   c) ☐ Herr Kühne hat fünf Drucker gekauft.
     Drei Drucker sind kaputt.

2. a) ☐ Herr Kühne möchte eine schnelle Reparatur.
   b) ☐ Herr Kühne möchte eine Reparatur am Freitag.
   c) ☐ Herr Kühne möchte Geld für die Drucker.

3. a) ☐ Der Monteur kommt am Mittwoch um 17.30 Uhr.
   b) ☐ Der Monteur hat nur am Freitag Zeit.
   c) ☐ Der Reparaturtermin ist am Donnerstag.

b) Lesen Sie den Dialog mit verteilten Rollen.

Mitarbeiter:	IPRO, guten Tag.
Martin Kühne:	Ja, guten Tag. Martin Kühne hier, Firma Behringer. Kann ich bitte Frau Kümmel sprechen?
Mitarbeiter:	Einen Moment, bitte. Ich verbinde Sie.
Frau Kümmel:	Kümmel.
Martin Kühne:	Ja, guten Tag, Frau Kümmel. Hier ist Martin Kühne, von der Firma Behringer. Wir haben ein Problem. Unsere Firma hat bei Ihrer Firma fünf Drucker gekauft. Drei Drucker funktionieren jetzt nicht mehr. Ich möchte gerne einen Termin für die Reparatur vereinbaren. Wir brauchen die Drucker dringend.
Frau Kümmel:	Drei Drucker sind kaputt? Das kann ich nicht glauben! Haben Sie die Drucker richtig installiert?
Martin Kühne:	Natürlich! Wir möchten jetzt gerne eine schnelle Reparatur. Kann der Monteur morgen kommen?
Frau Kümmel:	Morgen? Nein, das ist leider nicht möglich. … Am Freitag …, ja, am Freitag kann der Monteur kommen.
Martin Kühne:	Am Freitag? Heute ist Montag. Geht es nicht am Mittwoch oder am Donnerstag?
Frau Kümmel:	Am Donnerstag vielleicht. Moment mal. … Ja, es geht auch am Donnerstag, um 17.30 Uhr.
Martin Kühne:	Und Mittwoch?
Frau Kümmel:	Nein, am Mittwoch geht es leider nicht.
Martin Kühne:	Gut, dann erwarten wir den Monteur am Donnerstag um 17.30 Uhr. Auf Wiederhören.
Frau Kümmel:	Vielen Dank für Ihren Anruf. Auf Wiederhören, Herr Kühne.

A25 **Ein Reparaturauftrag**

Lesen Sie den Dialog und ergänzen Sie die Verben. Hören Sie den Text danach zur Kontrolle.

> vereinbaren ▪ erwarten ▪ glauben ▪ funktionieren ▪ kommen ▪ sein ▪ gehen (2 ×) ▪ sprechen ▪ haben ▪ verbinden ▪ arbeiten

Susanne Müller:	Ja, guten Tag, Susanne Müller. Kann ich bitte Frau Klein ....?
Mitarbeiter:	Einen Moment, bitte. Ich .... Sie.
Frau Klein:	Klein.
Susanne Müller:	Ja, guten Tag, Susanne Müller. Ich .... ein Problem. Ich habe am Donnerstag eine Waschmaschine gekauft und die Waschmaschine .... jetzt nicht mehr. Ich möchte gern einen Termin für die Reparatur ....
Frau Klein:	Das .... ich nicht! Die neue Waschmaschine ist kaputt?
Susanne Müller:	Ja, sie .... nicht. Ich möchte jetzt gerne eine schnelle Reparatur. Kann der Monteur heute noch ....?
Frau Klein:	Heute? Nein, das .... leider nicht möglich. Morgen vielleicht. Ja, morgen um 15.00 Uhr.
Susanne Müller:	Um 15.00 Uhr muss ich noch .... es um 18.00 Uhr?
Frau Klein:	Ja, 18.00 Uhr ist auch möglich.
Susanne Müller:	Gut, dann .... ich den Monteur morgen um 18.00 Uhr. Auf Wiederhören.

A26 Tage und Monate
Hören und wiederholen Sie.

Die Tage

1. der erste (Mai)	**11.** der elfte	**21.** der einundzwanzigste
2. der zweite	**12.** der zwölfte	**22.** der zweiundzwanzigste
3. der dritte	**13.** der dreizehnte	**23.** der dreiundzwanzigste
4. der vierte	**14.** der vierzehnte	**24.** der vierundzwanzigste
5. der fünfte	**15.** der fünfzehnte	**25.** der fünfundzwanzigste
6. der sechste	**16.** der sechzehnte	**26.** der sechsundzwanzigste
7. der siebte	**17.** der siebzehnte	**27.** der siebenundzwanzigste
8. der achte	**18.** der achtzehnte	**28.** der achtundzwanzigste
9. der neunte	**19.** der neunzehnte	**29.** der neunundzwanzigste
10. der zehnte	**20.** der zwanzigste	**30.** der dreißigste
		31. der einunddreißigste

Die Monate

1. = der Januar	**5.** = der Mai	**9.** = der September
2. = der Februar	**6.** = der Juni	**10.** = der Oktober
3. = der März	**7.** = der Juli	**11.** = der November
4. = der April	**8.** = der August	**12.** = der Dezember

Das Datum   ⇨ Teil C Seite 136

Schreibweise:	14.5.2020
Sprechweise:	Heute ist der vierzehnte Fünfte (Mai) zweitausendzwanzig.
	Haben Sie am vierzehnten Fünften (Mai) zweitausendzwanzig Zeit?

A27 **Datumsangaben**

a) Welches Datum ist heute? Antworten Sie.

Heute ist der ...

b) Fragen Sie Ihre Nachbarin/Ihren Nachbarn.

Sie	Ihre Nachbarin/Ihr Nachbar
Wann haben Sie Geburtstag?	Ich habe am .... Geburtstag.
Wann ist Ihre Mutter/Ihr Vater geboren?	Meine Mutter/Mein Vater ist am .... geboren.
Wann ist in Ihrem Heimatland ein nationaler Feiertag?	Unser nationaler Feiertag ist am ....
Wann war Ihr erster Schultag?	Mein erster Schultag war am ....
Wann war Ihr erster Arbeitstag?	Mein erster Arbeitstag war am ....
Wann hatten Sie einen sehr wichtigen Termin?	Ich hatte am .... einen sehr wichtigen Termin.

 2.11

c) Wann können Sie meinen Drucker reparieren? Wann haben Sie Zeit?
Schreiben und sprechen Sie die Zeitangaben. Hören Sie danach die Lösungen.

■ am 9.4. um 12.15 Uhr *Am neunten Vierten um zwölf Uhr fünfzehn.*

1. am 21.9. um 14.30 Uhr ....

2. am 27.6. um 9.00 Uhr ....

3. am 22. Mai um 18.00 Uhr ....

4. am 14.10. um 13.00 Uhr ....

5. am 28. April um 10.00 Uhr ....

6. am 7. März um 15.15 Uhr ....

7. am 3.8. um 11.00 Uhr ....

8. am 2. Februar um 17.00 Uhr ....

9. am 4.1. um 9.45 Uhr ....

10. am 17. Juli um 12.00 Uhr ....

A28 **Phonetik: st [ʃt]**
Hören und wiederholen Sie.

 2.12

st – Stunde [ʃt]	**aber:**	st [st]
Stunde – stehen – studieren – ein Stück – frühstücken		der zwanzigste der einundzwanzigste der zweiundzwanzigste ...

A29 Am Telefon: Kundenservice

Spielen Sie Telefongespräche und vereinbaren Sie einen Termin.

Der Kopierer in Ihrer Firma ist kaputt *(Typ Multicopy RX20, 6 Monate alt)*.

Rufen Sie bei der Firma Copifix an. Ein Mitarbeiter von Copifix soll den Kopierer sofort reparieren.

Ihre Waschmaschine funktioniert nicht mehr *(Typ MT3000, 3 Jahre alt)*.

Rufen Sie bei HELP an und vereinbaren Sie einen Reparaturtermin.

Ihr Kühlschrank ist kaputt *(Typ AAZ, 2 Monate alt)*.

Sie rufen bei Küche & Co. an. Sie möchten sofort eine Reparatur oder einen neuen Kühlschrank.

Ihr Geschirrspüler geht nicht mehr *(Typ QA450, 1 Jahr alt)*.

Rufen Sie bei Aquaclean an und vereinbaren Sie einen Termin für die Reparatur.

Copifix, guten Tag. Was kann ich für Sie tun?

Guten Tag, *(Name)* hier. Ich habe ein Problem: …
Ich möchte gern einen Termin für die Reparatur vereinbaren.

Was für eine Typnummer hat (der/die) ……………………?

Die Nummer ist ……………………

Und wie alt ist ……………………?

……………………

Der Monteur kann am ………… um ………… kommen.

Am ………… um …………? Das geht leider nicht. Da bin ich nicht da/in Paris/…
Geht es vielleicht auch am ………… um …………?

Moment mal … Ja, das ist auch möglich.

Gut. Dann erwarte ich den Monteur am ………… um ………… Auf Wiederhören.

Auf Wiederhören.

A30 Am Telefon

Lesen Sie die Sätze laut.

Telefonieren

- Guten Tag, *(Name)* hier. /Guten Tag. Hier ist *(Name)*.

- Ich habe Ihre Anzeige gelesen.

- Ich möchte gerne … /Ich suche …
  Ich habe ein Problem: …

- Ich möchte gern einen Termin vereinbaren.
  Ich möchte mal vorbeikommen.

- Wann haben Sie Zeit?
  Wann ist das möglich?

- Geht es am *(Dienstag/1. März)* um *(11.00)* Uhr?

- Nein, am *(Dienstag/1. März)* habe ich
  leider keine Zeit.
  Ja, am *(Dienstag)* um *(11.00 Uhr)* geht es/
  habe ich Zeit.

- Dann besuche ich Sie am … um … Uhr.
  Dann komme ich am … um … *(vorbei)*.

- Auf Wiederhören.

A31 Anzeigen

a) Lesen Sie die Anzeigen.

1 Neue Fahrräder zu niedrigen Preisen

Markenfahrräder ab 299,- Euro!
Rennräder ab 899,- Euro!

Info unter (09 78) 8 76 45

2 bis zu **70%** reduziert

Über 1000 Musikinstrumente, viele Einzelstücke:
z. B. Klaviere, Keyboards, Trompeten, Gitarren aller Art und vieles mehr.

Info unter (09 78) 5 55 55

3 Medizinischer Notdienst am Wochenende:

Keine Hausbesuche!

Dr. Frank (0 89) 5 36 42 52
Dr. Schimmel (0 89) 5 36 42 67

Gemeinschaftspraxis Berliner Straße 24

4 Zahnarztpraxis Frenzel zieht um:

Ab Montag, 01.08., zu erreichen unter
Hoffmannsgasse 34,
Tel.: (09 78) 65 53 83

5 Hausmusik! Wer spielt gerne zu Hause Musik?

Suche kleines Familienorchester.
Spiele Klavier und Gitarre. Bitte anrufen unter (09 78) 98 56

b) Finden Sie die passende Anzeige.

1. Sie haben schreckliche Zahnschmerzen.
2. Sie möchten Deutsch lernen.
3. Sie möchten ein Fahrrad kaufen.
4. Sie suchen eine Gitarre für Ihren Sohn.
5. Sie möchten mit anderen Leuten Musik machen.
6. Sie haben starke Bauchschmerzen.

6 Neue Kurse!

Sprachenschule **Ludwig**

Möchten Sie Englisch, Französisch oder Deutsch lernen?

Kleine Gruppen, muttersprachliche Lehrer, Info unter (09 78) 63 35 67

c) Rufen Sie an. Spielen Sie Telefongespräche.

1. Vereinbaren Sie einen Termin beim Zahnarzt.
2. Fragen Sie nach Zeit und Preis für einen Deutschkurs.
3. Fragen Sie nach den Öffnungszeiten im Fahrradgeschäft.
4. Fragen Sie im Musikgeschäft nach den Öffnungszeiten
   und nach den Preisen für eine Gitarre.

A32 Eine E-Mail an Frau Körner

a) Lesen Sie die E-Mail.

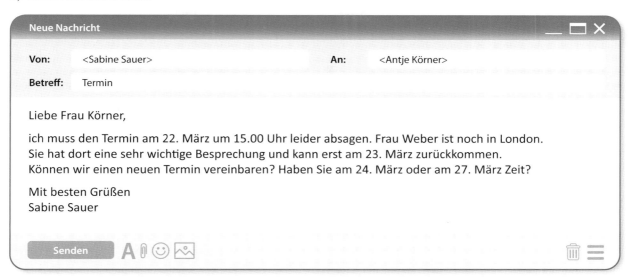

Neue Nachricht _ ⃞ ✕

Von: <Sabine Sauer>   **An:** <Antje Körner>

Betreff: Termin

Liebe Frau Körner,

ich muss den Termin am 22. März um 15.00 Uhr leider absagen. Frau Weber ist noch in London.
Sie hat dort eine sehr wichtige Besprechung und kann erst am 23. März zurückkommen.
Können wir einen neuen Termin vereinbaren? Haben Sie am 24. März oder am 27. März Zeit?

Mit besten Grüßen
Sabine Sauer

Senden   A 🖉 ☺ 🖼   🗑 ☰

b) Schreiben Sie selbst eine E-Mail an Frau Körner.

> Termin 13. April absagen ▪ Frau Weber muss Gäste vom Flughafen abholen ▪ neuer Termin: 20. April

A33 Anrede und Gruß in Briefen/E-Mails
Lesen Sie die Sätze.

Einen Brief/Eine E-Mail schreiben

Anrede		Gruß	
formell:	Sehr geehrte Frau (Sommer), … Sehr geehrter Herr (Winter), … Sehr geehrte Damen und Herren, …	formell:	Mit freundlichen Grüßen Freundliche Grüße
halbformell:	Liebe Frau (Sommer), … Lieber Herr (Winter), …	halbformell:	Mit besten Grüßen Beste Grüße
informell:	Liebe/Hallo (Claudia), … Lieber/Hallo (Rudi), …	informell:	Mit herzlichen Grüßen Herzliche Grüße Mit lieben Grüßen/Liebe Grüße

A34 Ihr Arbeitstag
Beantworten Sie die Fragen und berichten Sie.

Mein …

- ● Was sind Ihre wichtigsten
  Tätigkeiten am Arbeitsplatz?

- ● Was müssen Sie (fast) jeden Tag machen?

- ● Welche Tätigkeit(en) mögen Sie?
  Was tun Sie nicht so gern?

- ● Wo essen Sie zu Mittag?
  Machen Sie eine Kaffee- oder Teepause?

- ● Was haben Sie gestern gemacht?

Wissenswertes *(fakultativ)*

B1 **Mediennutzung in Deutschland**
Wie viele Minuten am Tag nutzen die Deutschen die Medien?

a) Lesen Sie die Grafik und berichten Sie.

■ Die Menschen in Deutschland sehen 236 Minuten am Tag fern.

Fernsehen	236	Minuten
Internet (Recherche/Information)	101	Minuten
Radio	100	Minuten
Messenger	44	Minuten
Telefon (Handy)	43	Minuten
E-Mails	38	Minuten
Musik	36	Minuten
(Online-)Spiele	30	Minuten
Buch	26	Minuten
Zeitungen/Zeitschriften	22	Minuten

Quelle © Statista

b) Vergleichen Sie die Grafik mit Ihrer Mediennutzung.

Ich sehe mehr/weniger fern.
Ich sehe nur 90 Minuten am Tag fern.
Ich sehe überhaupt nicht fern.

B2 **Fernsehen**
Fragen Sie Ihre Nachbarin/Ihren Nachbarn und berichten Sie.

Wann sehen Sie fern? (*abends, am Tag ...*)	*Meine Nachbarin/Mein Nachbar* ....
Wie sehen Sie fern?	....
Sehen Sie lineares/klassisches Fernsehen?	....
Nutzen Sie Streaming-Portale oder Mediatheken?	....
Was sehen Sie am liebsten? (*Filme, Nachrichten, Sportsendungen, Shows, Serien, Krimis ...*)	....
Haben Sie eine Lieblingssendung oder eine Lieblingsserie?	....

B3 Fernsehen in Deutschland
Hören und lesen Sie den Text.

Können Sie ohne Fernsehen leben?

Nur 16 % der Deutschen beantworten diese Frage mit „ja", 26 % sagen „ja, vielleicht" und für 58 % ist das Fernsehen eine wichtige Frei-zeitbeschäftigung. Viele Menschen können
5 ohne Quizshows, Kochshows, Telenovelas oder Krimis nicht leben.

Fast vier Stunden täglich sehen die Deutschen linear oder digital fern. Aber fast überall läuft das Gleiche: Shows, Serien, Krimis und Wer-
10 bung. Viele Zuschauer finden vor allem das lineare Fernsehangebot langweilig und mögen keine Werbung. Doch der Fernseher läuft ein-fach weiter und die Menschen essen beim Fernsehen, sie te-
15 lefonieren, chatten, surfen im Netz oder reden miteinander.

Natürlich ist im Fernsehen nicht alles schlecht oder lang-weilig. Besonders beliebt sind
20 in Deutschland die Nachrich-ten. 48 % der Deutschen nut-zen das Fernsehen für aktuelle Informationen.

An der Spitze der Beliebt-
25 heitsskala stehen die Sport-sendungen, vor allem bei Olympischen Spielen oder Fußballweltmeisterschaften.

B4 Informationen im Text
Was ist richtig, was ist falsch? Kreuzen Sie an.

	richtig	falsch
1. 58 % der Deutschen können ohne Fernsehen nicht leben.	☐	☐
2. Das Fernsehangebot ist sehr unterschiedlich.	☐	☐
3. Alle Sendungen im Fernsehen sind schlecht.	☐	☐
4. Werbung im Fernsehen ist sehr beliebt.	☐	☐
5. 48 % der Deutschen sehen Nachrichten.	☐	☐

B5 Textarbeit
Ergänzen Sie die Verben.

fernsehen ▪ reden ▪ leben ▪ laufen ▪ surfen ▪ mögen ▪ finden ▪ nutzen

Viele Menschen können ohne Fernseher nicht *leben*.

Fast vier Stunden täglich .... die Deutschen ....

48 % der Deutschen .... das Fernsehen für aktuelle

Informationen. Viele Zuschauer .... vor allem das lineare

Fernsehangebot langweilig und .... keine Werbung.

Doch der Fernseher .... einfach weiter und die Menschen

essen beim Fernsehen, sie telefonieren, chatten, ... im

Netz oder .... miteinander.

Verben

Verben mit Präfix

trennbare Verben

Das Präfix ist z. B. eine Präposition oder ein Adverb.

$\longrightarrow$

anfangen:	ich fange an
aufstehen:	ich stehe auf
ausschalten:	ich schalte aus
einkaufen:	ich kaufe ein
fernsehen:	ich sehe fern

nicht trennbare Verben

Das Präfix ist kein Wort, es kann nicht alleine stehen.

$\longrightarrow$

beginnen:	ich beginne
erwarten:	ich erwarte
vereinbaren:	ich vereinbare

Verben mit *unter-* und *über-*

Verben mit *unter-* und *über-* sind oft nicht trennbar, in einigen wenigen Fällen kann man das Präfix trennen.

$\longrightarrow$

unterrichten:	ich unterrichte
übersetzen:	ich übersetze

Satzbau bei trennbaren Verben: Das Präfix steht am Satzende.

I.	II.	III.	Satzende
Peter	steht	jeden Morgen um 7.00 Uhr	auf.

C1 Finden Sie das Gegenteil und formulieren Sie Sätze.

abfahren ▪ **zumachen** ▪ aufhören ▪ aufwachen ▪ ausschalten ▪ ausmachen

- ■ Maria macht die Tür auf.   Heinz *macht* die Tür *zu*.
- 1. Maria macht das Licht an.   Heinz ....
- 2. Maria schaltet den Fernseher ein.   Heinz ....
- 3. Maria schläft um 5.00 Uhr morgens ein.   Heinz ....
- 4. Die Arbeit von Maria fängt um 15.00 Uhr an.   Die Arbeit von Heinz ....
- 5. Maria kommt spät zu Hause an.   Heinz .... früh von zu Hause ....

C2 Beantworten Sie die Fragen.

- ■ Möchten Sie mitfahren?   *Ja, ich fahre mit./Nein, ich fahre nicht mit.*
- 1. Möchten Sie anfangen?   ....
- 2. Möchten Sie bezahlen?   ....
- 3. Möchten Sie das Deutsche Museum besuchen?   ....
- 4. Möchten Sie jetzt einkaufen?   ....
- 5. Möchten Sie die Firma USU anrufen?   ....
- 6. Möchten Sie aussteigen?   ....
- 7. Möchten Sie beginnen?   ....

Die Modalverben *müssen* und *sollen*

Konjugation					
	ich	muss		wir	müssen
	du	musst		ihr	müsst
	er/sie/es	muss		sie/Sie	müssen
	ich	soll		wir	sollen
	du	sollst		ihr	sollt
	er/sie/es	soll		sie/Sie	sollen

Satzbau	Die Satzklammer: konjugiertes Verb + Infinitiv				
	I.	II.	III.		Satzende
	Peter	muss	die E-Mail heute		beantworten.
	Eva	soll	zwei Plätze im Restaurant		reservieren.

Gebrauch		
	Notwendigkeit:	Wir müssen heute den Flug buchen.
	Auftrag:	Der Assistent soll den Termin absagen.
	Was möchte die andere Person?	Soll ich im Restaurant Plätze reservieren?

C3 **Ergänzen Sie die Tabelle.**

	möchte(n)	müssen	können	mögen	sollen
ich	*möchte*	*muss*	....	....	....
du	....	....	....	*magst*	....
er/sie/es	....	....	....	....	....
wir	....	....	*können*	....	*sollen*
ihr	....	....	....	....	....
sie/Sie	....	....	....	....	....

C4 **Ergänzen Sie die Verben *sollen, müssen, mögen, können* oder *möchte(n)* in der richtigen Form. (Manchmal sind mehrere Verben richtig.)**

- Ich *muss* das Dokument noch ausdrucken.

1. Vor der Prüfung .... er noch viel lernen.

2. In dem Restaurant .... ich nicht essen.

3. Ich .... keine Kartoffeln.

4. Petra .... das Computerproblem sofort lösen.

5. .... ich dich vom Flughafen abholen?

6. Jetzt .... ich gerne ein kaltes Bier trinken!

7. .... ich den Computer ausschalten?

8. Du .... nicht fernsehen. Der Fernseher ist kaputt.

9. Ihr Deutsch ist gut. Sie .... schon eine kurze E-Mail auf Deutsch schreiben.

10. Ich .... heute ins Theater gehen, ich .... aber erst meine Hausaufgaben machen.

Das Perfekt

Ich habe eine Tasse Kaffee getrunken.
Ich bin zur Arbeit gefahren.

	1 Hilfsverb	**2 Partizip**
	habe	getrunken
	bin	gefahren

Perfekt mit	*sein*	oder	*haben*
Bildung:	ich bin gefahren ich bin aufgestanden Das Flugzeug ist gelandet. besondere Verben: sein: ich bin gewesen bleiben: ich bin geblieben		ich habe getrunken ich habe gearbeitet ich habe gefrühstückt ich habe geschrieben
Verwendung:	Wechsel von Ort oder Zustand		alle anderen Verben

C5 Ergänzen Sie *haben* oder *sein* und antworten Sie.

■ Wann *sind* Sie gelandet? *Ich bin um 15.00 Uhr gelandet.*

1. Was .... Sie zum Abendbrot gegessen? *Ich habe zum Abendbrot* ....

2. Wie viele Gläser Wein .... er getrunken? ....

3. Wie lange .... Sie in Italien geblieben? ....

4. .... Petra das Problem schon gelöst? ....

5. .... Frau Müller schon angerufen? ....

6. .... ihr am Montag gearbeitet? ....

7. Wann .... ihr angekommen? ....

8. .... du die E-Mail schon gelesen? ....

9. .... du gut geschlafen? ....

10. Was .... Paul gekocht? ....

11. Wann .... er abgefahren? ....

Das Partizip II

	Verben ohne Präfix	Verben mit Präfix	
		trennbare Verben	nicht trennbare Verben
regelmäßige Verben	fragen → gefragt arbeiten → gearbeitet kaufen → gekauft	einkaufen → eingekauft	besuchen → besucht
unregelmäßige Verben	trinken → getrunken essen → gegessen sprechen → gesprochen	anrufen → angerufen	beginnen → begonnen
Verben auf -ieren	studieren → studiert kopieren → kopiert		

Regelmäßige Verben im Perfekt

	Verben ohne Präfix				Verben mit Präfix	
				Verben auf -ieren	trennbare Verben	nicht trennbare Verben
ich	habe	gewohnt	bin	gelandet	habe	studiert	habe	eingekauft	habe	bezahlt
du	hast	gewohnt	bist	gelandet	hast	studiert	hast	eingekauft	hast	bezahlt
er/sie/es	hat	gewohnt	ist	gelandet	hat	studiert	hat	eingekauft	hat	bezahlt
wir	haben	gewohnt	sind	gelandet	haben	studiert	haben	eingekauft	haben	bezahlt
ihr	habt	gewohnt	seid	gelandet	habt	studiert	habt	eingekauft	habt	bezahlt
sie	haben	gewohnt	sind	gelandet	haben	studiert	haben	eingekauft	haben	bezahlt
Sie	haben	gewohnt	sind	gelandet	haben	studiert	haben	eingekauft	haben	bezahlt

C6 Bilden Sie Sätze im Perfekt.

a) Verben ohne Präfix

■ wir – die Vokabeln – lernen *Wir haben die Vokabeln gelernt.*

1. ich – den ganzen Tag – hart arbeiten ....
2. ich – keine Hausaufgaben – machen ....
3. die Assistentin – ein Hotelzimmer – buchen ....
4. Hans – das Computerproblem – lösen ....
5. wir – im Konzert – fantastische Musik – hören ....
6. ich – mein Auto – im Parkverbot – parken ....
7. Frau und Herr Schmalz – die ganze Nacht – Walzer – tanzen ....
8. Herr Klein – E-Mail – um 18.30 Uhr – senden ....
9. Dieter– für seine Frau – Blumen – kaufen ....
10. wir – mit Susanne – ein Gespräch – führen ....
11. sie (Pl.) – im Hotel – frühstücken ....
12. Anton – in Frankfurt – wohnen ....
13. ich – die E-Mail – gestern – löschen ....
14. Klara – drei Jahre – in Spanien – leben ....
15. die Maschine aus Tokio – um 18.00 Uhr – landen ....
16. Martin – zum Abendessen – Spaghetti – kochen ....

b) Verben mit Präfix

1. Herr Krause – seine Rechnung – nicht bezahlen ....
2. ich – einen Termin mit Frau Kümmel – vereinbaren ....
3. Peter – schon – ein Bier – bestellen ....
4. Martin – den Text – schon – übersetzen ....
5. Frau Schneider – die Gäste – begrüßen ....
6. Oma – den Fernseher – einschalten ....
7. Kurt – Fleisch und Gemüse – einkaufen ....

Unregelmäßige Verben im Perfekt

	Verben ohne Präfix				Verben mit Präfix		
					trennbare Verben		nicht trennbare Verben
ich	habe	geschlafen	bin	gefahren	habe	angerufen	habe	begonnen
du	hast	geschlafen	bist	gefahren	hast	angerufen	hast	begonnen
er/sie/es	hat	geschlafen	ist	gefahren	hat	angerufen	hat	begonnen
wir	haben	geschlafen	sind	gefahren	haben	angerufen	haben	begonnen
ihr	habt	geschlafen	seid	gefahren	habt	angerufen	habt	begonnen
sie	haben	geschlafen	sind	gefahren	haben	angerufen	haben	begonnen
Sie	haben	geschlafen	sind	gefahren	haben	angerufen	haben	begonnen

C7   Ergänzen Sie die Präsensform und das Hilfsverb im Perfekt.

Präsens	Perfekt
■ *wir kommen*	wir *sind* gekommen
1.	er .... gelesen
2.	ihr .... geschrieben
3.	er .... angefangen
4.	wir .... gesungen
5.	sie .... gesprochen
6.	er .... gegessen
7.	er .... aufgestanden

Präsens	Perfekt
8.	du .... getrunken
9.	du .... geschlafen
10.	sie .... gesehen
11.	ihr .... angekommen
12.	er .... gelaufen
13.	ich .... ferngesehen
14.	du .... gegangen
15.	wir .... begonnen

C8   Ergänzen Sie das Hilfsverb und das richtige Partizip.

getrunken ▪ gefunden ▪ gegangen ▪ gegessen ▪ **gefahren** ▪ geschrieben ▪ geblieben ▪ geschlafen ▪ gesehen ▪ gesungen ▪ angekommen ▪ gelesen ▪ begonnen

■ Wir *sind* mit dem Bus *gefahren*.

1. Er .... zum Frühstück nur Joghurt ....

2. Wir .... erst um 24.00 Uhr ins Bett ....

3. Herr Weber .... abends fünf Bier ....

4. Wir .... im Hotel Central nur eine Nacht ....

5. Ich .... heute schon 30 E-Mails ....

6. .... du meinen Stift ....?

7. Wann .... die Besprechung ....?

8. Der Chor .... schöne Lieder ....

9. Wie viele Stunden .... du diese Nacht ....?

10. Wann .... Frau Marx hier ....?

11. Das Buch .... ich schon ....

12. Bettina .... den Film schon zehnmal ....

C9 Beantworten Sie die Fragen in ganzen Sätzen.

- Wie lange bist du gefahren? *(drei Stunden)*   *Ich bin drei Stunden gefahren.*
1. Wann seid ihr angekommen? *(14.55 Uhr)* ....
2. Wann hast du mich angerufen? *(gestern Abend)* ....
3. Wann haben Sie den Brief erhalten? *(am Mittwoch)* ....
4. Wie lange sind Sie spazieren gegangen? *(30 Minuten)* ....
5. Wann seid ihr heute aufgestanden? *(6.00 Uhr)* ....
6. Wann hat das Konzert angefangen? *(20.15 Uhr)* ....
7. Wie viel Geld hast du bekommen? *(1 000 Euro)* ....
8. Wie viele Meter bist du gelaufen? *(2 000 Meter)* ....

C10 Bilden Sie Sätze im Präsens (a), im Präsens mit Modalverb (b) und im Perfekt (c).

- Licht – ausschalten
  a) Präsens: *Er schaltet das Licht aus.*
  b) Präsens mit Modalverb: *Er muss das Licht ausschalten.*
  c) Perfekt: *Er hat das Licht ausgeschaltet.*

1. Termin – absagen
   a) Ich ....
   b) Ich ....
   c) Ich ....

2. Drucker – anschließen
   a) Wir ....
   b) Wir ....
   c) Wir ....

3. Bildschirm – einschalten
   a) Er ....
   b) Er ....
   c) Er ....

4. Text – einfügen
   a) Du ....
   b) Du ....
   c) Du ....

5. E-Mail – weiterleiten
   a) Sie ....
   b) Sie ....
   c) Sie ....

6. im Supermarkt – einkaufen
   a) Ich ....
   b) Ich ....
   c) Ich ....

7. den Kundenservice – anrufen
   a) Wir ....
   b) Wir ....
   c) Wir ....

8. um 9.00 Uhr – anfangen
   a) Ich ....
   b) Ich ....
   c) Ich ....

9. den Fernseher – ausmachen
   a) Du ....
   b) Du ....
   c) Du ....

10. um 6.00 Uhr – aufstehen
    a) Herr Kolle ....
    b) Herr Kolle ....
    c) Herr Kolle ....

11. pünktlich – ankommen
    a) Wir ....
    b) Wir ....
    c) Wir ....

12. die Tür – zumachen
    a) Ich ....
    b) Ich ....
    c) Ich ....

C11 Bilden Sie Fragen im Perfekt.

fotografieren ▪ telefonieren ▪   den schönen Baum ▪ das neue Programm ▪
kopieren ▪ installieren   mit Heinz ▪ die Übung

1. *Hast du schon* ....?
2. ....?
3. ....?
4. ....?

C12 Schreiben Sie den Text im Perfekt.

Hanna steht um 8.00 Uhr auf, danach früh-
stückt sie. Um 9.00 Uhr fährt sie zur Arbeit.
Zuerst liest sie ihre E-Mails. Um 10.00 Uhr
trinkt sie mit Frau Müller einen Kaffee. Von
10.30 bis 12.00 Uhr beantwortet sie die
E-Mails und Briefe. Sie vereinbart zwei
Termine mit der Firma KOK. Von 13.00 bis
13.30 Uhr macht sie Mittagspause. Sie isst
in der Kantine Fleisch mit Gemüse und
Kartoffeln. Am Nachmittag bucht sie für
ihre Chefin einen Flug nach Rom. Sie
kopiert viele Dokumente. Von 15.00 bis
15.30 Uhr führt sie ein Gespräch mit Frau
Meier. Um 16.00 Uhr begrüßt sie die Gäste
aus Moskau. Von 16.30 bis 17.30 Uhr
schreibt sie wieder E-Mails. Um 17.30 Uhr
macht Hanna Feierabend.

*Hanna ist gestern um 8.00 Uhr auf-
gestanden, danach hat* ....

Temporale Präpositionen

C13 Ergänzen Sie die Präpositionen.

1. Marcus steht .... 8.00 Uhr auf.
2. Der Unterricht ist .... 18.30 .... 21.00 Uhr.
3. Es ist 19.05, also fünf Minuten .... 19.00 Uhr.
4. Haben Sie .... Freitag Zeit?
5. Ich habe .... 13.00 Uhr einen Termin.
6. Das Flugzeug landet kurz .... 16.00 Uhr.
7. Die Besprechung geht .... 15.00 Uhr.
8. Wir besuchen .... Sonntag das Fotomuseum.
9. Sie war schon um 8.55 Uhr, also fünf Minuten .... 9.00 Uhr im Büro.
10. Der Monteur kommt .... 3. März .... 15.00 Uhr.

Temporale Präpositionen

Wann?

am	Mittwoch	
am	16.6.2021	
um	16.00 Uhr	
um	15.55 Uhr	→ kurz vor 16.00 Uhr
um	16.05 Uhr	→ kurz nach 16.00 Uhr

Wann? Wie lange?

von	16.00 Uhr	bis	17.00 Uhr

Rückblick

D1 **Wichtige Redemittel**
Hören Sie die Redemittel. Sprechen Sie die Wendungen nach und übersetzen Sie sie in Ihre Muttersprache.

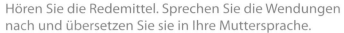

Zweisprachige Redemittellisten finden Sie hier: www.schubert-verlag.de/wortschatz

Deutsch	Ihre Muttersprache
Tagesablauf	
Ich stehe um (*8.00 Uhr*) auf.	....
Um (*8.30 Uhr*) frühstücke ich.	....
Um (*9.00 Uhr*) fahre ich zur Arbeit/zur Uni.	....
Um (*9.30 Uhr*) beginnt die Arbeit.	....
Ich lese und beantworte E-Mails,	....
vereinbare Termine,	....
übersetze E-Mails,	....
habe eine Besprechung,	....
rufe Kollegen an,	....
führe Gespräche,	....
präsentiere ein Projekt,	....
mache (eine) Pause,	....
schreibe ein Angebot,	....
löse Probleme und	....
sage Termine wieder ab.	....
Abends kaufe ich ein und sehe fern.	....
Um (*23.00 Uhr*) gehe ich ins Bett.	....
Computerbefehle	
Einen Computer/Drucker muss man	....
installieren,	....
einschalten und ausschalten.	....
Einen Text kann man	....
speichern, kopieren, löschen,	....
ausdrucken, ausschneiden,	....
weiterleiten oder einfügen.	....
Eine E-Mail kann man	....
erhalten/bekommen oder senden.	....
Telefongespräche	
Guten Tag, (*Paul Frisch*) hier, Firma ANA.	....
Hallo./Guten Tag. Hier ist (*Paul Frisch*).	....
Kann ich bitte (*Frau Müller*) sprechen?	....
Ich möchte bitte (*Herrn Müller*) sprechen.	....
Einen Moment, bitte. Ich verbinde Sie.	....
Ich möchte gern einen Termin vereinbaren.	....
Wann haben Sie Zeit?	....

Haben Sie am *(achten April)* Zeit?   ....

Geht es am *(Dienstag)* um *(11.00 Uhr)*?   ....

Nein, am *(10. Juni)* habe ich leider keine Zeit.   ....

Am *(dritten Fünften)* bin ich nicht im Büro.   ....

Ja, am *(Dienstag)* um *(11.00 Uhr)* geht es.   ....

Am *(Dienstag)* habe ich Zeit.   ....

Dann besuche ich Sie am *(Mittwoch)* um *(13.30 Uhr)*.   ....

Ich komme am *(Mittwoch)* um *(13.30 Uhr)*.   ....

Wir erwarten *(den Monteur)* am *(Donnerstag)*.   ....

Vielen Dank für Ihren Anruf.   ....

Auf Wiederhören.   ....

Briefe/E-Mails

Sehr geehrte Frau *(Sommer)*, …   ....

Sehr geehrter Herr *(Winter)*, …   ....

Sehr geehrte Damen und Herren, …   ....

Liebe Frau *(Sommer)*, …   ....

Lieber Herr *(Winter)*, …   ....

Mit freundlichen Grüßen/Freundliche Grüße   ....

Mit besten Grüßen/Beste Grüße   ....

Mit herzlichen Grüßen/Herzliche Grüße   ....

Mit lieben Grüßen/Liebe Grüße   ....

D2   **Kleines Wörterbuch der Verben**

müssen	ich muss wir müssen	du musst ihr müsst	er/sie muss sie müssen
sollen	ich soll wir sollen	du sollst ihr sollt	er/sie soll sie sollen
absagen *(einen Termin absagen)*	ich sage ab wir sagen ab	du sagst ab ihr sagt ab	er/sie sagt ab sie sagen ab
anfangen *(mit der Arbeit anfangen)*	ich fange an wir fangen an	du fängst an ihr fangt an	er/sie fängt an sie fangen an
anrufen	ich rufe an wir rufen an	du rufst an ihr ruft an	er/sie ruft an sie rufen an
anschließen *(den Drucker anschließen)*	ich schließe an wir schließen an	du schließt an ihr schließt an	er/sie schließt an sie schließen an
aufstehen	ich stehe auf wir stehen auf	du stehst auf ihr steht auf	er/sie steht auf sie stehen auf
ausschalten *(den Computer ausschalten)*	ich schalte aus wir schalten aus	du schaltest aus ihr schaltet aus	er/sie schaltet aus sie schalten aus
ausschneiden *(ein Stück Text ausschneiden)*	ich schneide aus wir schneiden aus	du schneidest aus ihr schneidet aus	er/sie schneidet aus sie schneiden aus

beantworten (einen Brief beantworten)	ich beantworte wir beantworten	du beantwortest ihr beantwortet	er/sie beantwortet sie beantworten
beginnen (mit der Arbeit beginnen)	ich beginne wir beginnen	du beginnst ihr beginnt	er/sie beginnt sie beginnen
bestellen	ich bestelle wir bestellen	du bestellst ihr bestellt	er/sie bestellt sie bestellen
buchen (ein Hotelzimmer buchen)	ich buche wir buchen	du buchst ihr bucht	er/sie bucht sie buchen
einschalten (den Fernseher einschalten)	ich schalte ein wir schalten ein	du schaltest ein ihr schaltet ein	er/sie schaltet ein sie schalten ein
einfügen (einen Text einfügen)	ich füge ein wir fügen ein	du fügst ein ihr fügt ein	er/sie fügt ein sie fügen ein
einkaufen	ich kaufe ein wir kaufen ein	du kaufst ein ihr kauft ein	er/sie kauft ein sie kaufen ein
erhalten (eine E-Mail erhalten)	ich erhalte wir erhalten	du erhältst ihr erhaltet	er/sie erhält sie erhalten
erwarten (die Gäste erwarten)	ich erwarte wir erwarten	du erwartest ihr erwartet	er/sie erwartet sie erwarten
fernsehen	ich sehe fern wir sehen fern	du siehst fern ihr seht fern	er/sie sieht fern sie sehen fern
frühstücken	ich frühstücke wir frühstücken	du frühstückst ihr frühstückt	er/sie frühstückt sie frühstücken
führen (ein Gespräch führen)	ich führe wir führen	du führst ihr führt	er/sie führt sie führen
installieren	ich installiere wir installieren	du installierst ihr installiert	er/sie installiert sie installieren
kopieren	ich kopiere wir kopieren	du kopierst ihr kopiert	er/sie kopiert sie kopieren
laufen	Der Fernseher läuft.		
löschen (eine E-Mail löschen)	ich lösche wir löschen	du löschst ihr löscht	er/sie löscht sie löschen
lösen (ein Problem lösen)	ich löse wir lösen	du löst ihr löst	er/sie löst sie lösen
präsentieren	ich präsentiere wir präsentieren	du präsentierst ihr präsentiert	er/sie präsentiert sie präsentieren
nutzen (das Fernsehen nutzen)	ich nutze wir nutzen	du nutzt ihr nutzt	er/sie nutzt sie nutzen
reparieren (ein Gerät reparieren)	ich repariere wir reparieren	du reparierst ihr repariert	er/sie repariert sie reparieren
reservieren (einen Platz reservieren)	ich reserviere wir reservieren	du reservierst ihr reserviert	er/sie reserviert sie reservieren
speichern (einen Text speichern)	ich speichere wir speichern	du speicherst ihr speichert	er/sie speichert sie speichern

übersetzen	ich übersetze	du übersetzt	er/sie übersetzt
(einen Brief übersetzen)	wir übersetzen	ihr übersetzt	sie übersetzen
vereinbaren	ich vereinbare	du vereinbarst	er/sie vereinbart
(einen Termin vereinbaren)	wir vereinbaren	ihr vereinbart	sie vereinbaren
weiterleiten	ich leite weiter	du leitest weiter	er/sie leitet weiter
(eine E-Mail weiterleiten)	wir leiten weiter	ihr leitet weiter	sie leiten weiter

D3 Evaluation
Überprüfen Sie sich selbst.

Ich kann	gut	nicht so gut
Ich kann einige Sätze über meinen Tagesablauf und meine Arbeit in der Gegenwart und Vergangenheit sagen.	☐	☐
Ich kann einfache Bürotätigkeiten nennen.	☐	☐
Ich kann die Uhrzeit und das Datum nennen.	☐	☐
Ich kann wichtige Computerteile nennen und Computerbefehle verstehen.	☐	☐
Ich kann Menschen am Telefon begrüßen, mich verabschieden und nach Zeiten und Preisen fragen.	☐	☐
Ich kann einen Termin schriftlich und mündlich vereinbaren und absagen.	☐	☐
Ich kann über meine Fernsehgewohnheiten berichten und einen einfachen Text über das Fernsehen verstehen. *(fakultativ)*	☐	☐

Reisen

Kommunikation

- Das Wetter beschreiben
- Über Reiseziele sprechen
- Gründe angeben
- Sachen für den Urlaub benennen
- Kleidung einkaufen
- Sich nach Fahrkarten erkundigen
- Über Urlaubserlebnisse berichten

Wortschatz

- Wetter
- Jahreszeiten
- Monate
- Reiseziele
- Kleidung
- Farben
- Verkehrsmittel

Die Jahreszeiten und das Wetter

A1 Die vier Jahreszeiten
a) Hören und lesen Sie.

der Frühling
der Regen/es regnet
der Wind weht
die Wolken *(Pl.)*
die Wärme

der Sommer
die Sonne scheint
die Hitze
der blaue Himmel
das helle Licht
das Gewitter
die Sterne am Himmel
Temperatur: 35 Grad

der Herbst
der Sturm
der Nebel
die kalten Nächte *(Pl.)*

der Winter
der Schnee/es schneit
das Eis
die Kälte
der Frost/man friert
Temperatur:
minus 10 Grad

b) Wann machen Sie am liebsten Urlaub? Im Frühling, im Sommer, im Herbst oder im Winter?

Ich mache am liebsten im *(Winter)* Urlaub,

Ich mache nie im *(Winter)* Urlaub,
Ich mache überhaupt nicht gern im … Urlaub,

denn ich mag *(den Schnee)* …
denn ich liebe *(den Schnee)* …

denn ich hasse *(den Schnee)* …
denn …

Satzverbindungen: *denn*   ⇨ Teil C Seite 159

Satz 1	Konjunktion	Satz 2
Ich mache am liebsten im Januar Urlaub,	denn	ich liebe den Schnee.
Verb steht auf Position II.		Verb steht auf Position II.

A2 Wärme und Kälte
Ergänzen Sie die passenden Nomen aus Aufgabe A1.

■ Es ist kalt. *die Kälte*

1. Es ist heiß. ....
2. Es ist warm. ....
3. Es ist stürmisch. ....
4. Es ist neblig. ....
5. Es ist bewölkt. ....
6. Es regnet. ....
7. Es schneit. ....
8. Es ist sonnig. ....

A3 Sommer in Europa. Wie ist das Wetter?

a) Hören und lesen Sie den Wetterbericht für Deutschland.

Am Morgen regnet es leicht, danach ist es bewölkt.
Die Temperatur liegt bei 17 Grad.
Mittags kommt die Sonne und am Nachmittag ist es teilweise sonnig, teilweise bewölkt.
Die Tageshöchsttemperatur beträgt 19 Grad.

b) Beschreiben Sie das Wetter in anderen Ländern.

> Es ist schönes/schlechtes Wetter. ▪
> Die Sonne scheint. ▪ Es ist (teilweise) sonnig. ▪
> Es ist bewölkt. ▪ Es regnet (leicht/stark). ▪
> Die Temperatur liegt bei/beträgt *(20 Grad).*

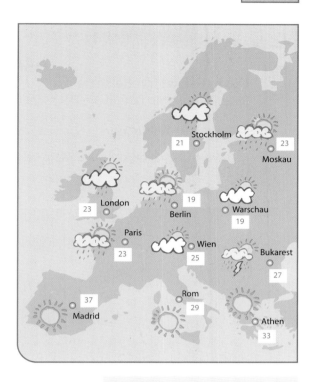

A4 Das Wetter in Ihrem Heimatland

a) Hören und lesen Sie die Monate.

> der Januar ▪ der Februar ▪ der März ▪ der April ▪
> der Mai ▪ der Juni ▪ der Juli ▪ der August ▪
> der September ▪ der Oktober ▪ der November ▪
> der Dezember

b) Gibt es in Ihrem Heimatland auch Frühling/Sommer/Herbst/
   Winter? Wenn ja, ordnen Sie den Jahreszeiten die Monate zu.

Frühling haben wir *(in Deutschland)* im *April, Mai …*
Sommer ist im …
Herbst haben wir im …
Winter ist im …

c) Wie warm bzw. kalt ist es im Winter/Frühling/
   Sommer/Herbst? Berichten Sie.

wollen		⇨ Teil C Seite 160
Singular	ich	will
	du	willst
	er/sie/es	will
Plural	wir	wollen
	ihr	wollt
	sie	wollen
formell	Sie	wollen

A5 Wohin willst du fahren?

Antworten Sie.

- ▪ Willst du im Winter nach Schweden fahren? *(zu kalt)* — *Nein, im Winter ist es dort zu kalt!*
- 1. Wollt ihr im Frühling nach Irland fahren? *(zu stürmisch)* ....
- 2. Wollen Sie im Herbst nach Schottland fahren? *(zu neblig)* ....
- 3. Wollt ihr im Sommer nach Tunesien fahren? *(zu heiß)* ....
- 4. Willst du im Herbst nach London fahren? *(es regnet zu viel)* ....
- 5. Wollen Sie im Winter nach Norwegen fahren? *(zu kalt)* ....
- 6. Willst du im Sommer nach Italien fahren? *(zu warm)* ....
- 7. Wollt ihr im Winter nach Österreich fahren? *(es schneit zu viel)* ....
- 8. Willst du im Frühling nach Deutschland fahren? *(zu bewölkt)* ....
- 9. Wollen Sie im Sommer nach Marokko fahren? *(zu heiß)* ....
- 10. Wollt ihr im Winter nach Russland fahren? *(es schneit zu viel)* ....
- 11. Wollen Sie im Herbst nach Italien fahren? *(es regnet zu viel)* ....
- 12. Willst du im Frühling nach Kanada fahren? *(zu stürmisch)* ....

Reiseziele

A6 **Die beliebtesten Reiseziele**
Raten Sie. Wohin fahren die Deutschen am liebsten?

Österreich ▪ Griechenland ▪ Spanien ▪ Italien ▪ die Türkei

Ich denke/Ich glaube, das beliebteste Reiseziel ist …
Danach kommt …
Auf Platz … liegt …

1. ....
2. ....
3. ....
4. ....
5. ....
6. Frankreich
7. Kroatien
8. Polen
9. die Niederlande
10. Ägypten

Wohin?   ⇨ Teil C Seite 165

nach	Deutschland, Italien, Frankreich, Südafrika …
in	die Schweiz, die Türkei, die Vereinigten Staaten, die Niederlande …
an	die Nordsee, die Ostsee, den Strand …
auf	eine Insel, die Kanarischen Inseln, die Insel Sylt …
zu	Marta, Oma und Opa …

A7 **Wohin?**
Ergänzen Sie die Präpositionen.

▪ Familie Grüne fährt im Sommer *nach* Frankreich.

1. Susanne möchte .... die Insel Sylt fahren.
2. Meine Eltern reisen .... die Niederlande.
3. Ich fliege im Juni .... Südafrika.
4. Dorothee fährt im August .... Oma und Opa.
5. Paul will unbedingt .... eine Insel fliegen.
6. Dort geht er den ganzen Tag .... den Strand.
7. Unser Chef fährt jedes Jahr .... Schweden.
8. Frau Krüger will im Januar .... Japan fliegen.
9. Herr Schulz möchte .... die Ostsee fahren.

A8 **Ihr Reiseziel**
Berichten Sie.

● Wohin fahren Sie am liebsten?   ● Wohin wollen Sie nächstes Jahr fahren?

A9 **Sommerurlaub**
Sie haben Sommerurlaub und wollen eine Reise nach Deutschland machen.
Lesen Sie die Anzeigen und wählen Sie eine Reise aus. Begründen Sie Ihre Auswahl.

SOMMERTRAUM BERLIN

4 Nächte im **3-Sterne**-Hotel
inklusive Frühstücksbüfett,
freier Eintritt in ein Museum

nur 222 €

Weitere Infos unter: 0800 7774555 oder
www.berlinalacarte.de

URLAUB in den BERGEN

nur 169 € pro Person

4 Übernachtungen
inkl. Frühstücksbüfett
und **3-Gänge-Menü** am Abend

www.hotel-eichenberg.de
Tel.: (05322) 96210

**Urlaub am Meer:
Sommer, Sonne, Strand!**

7 Tage
im Ostseehotel Dierhagen
für **397,– Euro** pro Person
inkl. Halbpension

www.ostseehotel-dierhagen.de

Das Hotel verfügt auch über ein Fitness- und Wellnesszentrum!

Ich möchte gern in die Berge/ins Wellnesshotel/ans Meer/
nach Berlin … fahren, denn das Hotel hat/verfügt über …

Dort gibt es …

Man kann dort …

Es kostet … Das ist preiswert/billig/nicht teuer.

Das Hotel … ist nicht so teuer/preiswert wie …

Das Wellnesshotel Tegernsee
bietet alles für Sie und Ihre Kinder:
• Zimmer mit TV, Bad, WLAN
• Sonnenterrasse, Fitnessraum, Schwimmbad
• Kinderbad und Kinderspielplatz
Telefon: (08022) 16 55

4 Tage für 480,– Euro
pro Person
inkl. reichhaltigem
Frühstücksbüfett

Reisevorbereitungen

 A10 **Wichtige Dinge für die Reise**
Hören Sie die Wörter und berichten Sie.

2.18

● Was nehmen Sie alles in den Urlaub mit?
● Was braucht ein Tourist in Ihrem Heimatland im Sommer und im Winter?

Gepäck

| der Koffer | der Rucksack | die Reisetasche | die Handtasche |

Sachen/Kleidung:

die Badehose ▪ der Anzug ▪ die Jeans ▪ das Hemd ▪
das T-Shirt ▪ die Turnschuhe *(Pl.)* ▪ die Regenjacke ▪
die Socken *(Pl.)* ▪ der Schlafanzug

der Bikini ▪ der Rock ▪ die Bluse ▪ der Pullover ▪
die Absatzschuhe *(Pl.)* ▪ die Strumpfhose ▪ das
Nachthemd ▪ das Kleid ▪ die Hose ▪ der Mantel

Weitere wichtige Dinge:

das Geld ▪ der Pass ▪ die Sonnencreme ▪ die Kreditkarte ▪ der Fotoapparat ▪ das Handy ▪ der Laptop ▪
der Führerschein ▪ das Aspirin ▪ die Sonnenbrille ▪ der Regenschirm …

A11 Eine Reise vorbereiten

Fragen und antworten Sie.

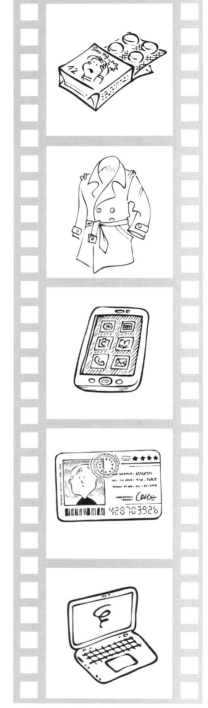

■ Laptop *(ich)*

Soll ich den Laptop mitnehmen?
✓ *Ja, nimm ihn mit.*
✗ *Nein, lass ihn zu Hause/hier.*

■ Laptop *(wir)*

Sollen wir den Laptop mitnehmen?
✓ *Ja, nehmt ihn mit.*
✗ *Nein, lasst ihn zu Hause/hier.*

1. Turnschuhe *(ich)* ....
   ✓ ....

2. Anzug *(ich)* ....
   ✗ ....

3. Nachthemd *(ich)* ....
   ✓ ....

4. Kleid *(ich)* ....
   ✓ ....

5. Mantel *(ich)* ....
   ✗ ....

6. Regenjacke *(ich)* ....
   ✗ ....

7. Sonnencreme *(wir)* ....
   ✓ ....

8. Fotoapparat *(wir)* ....
   ✗ ....

9. Handy *(wir)* ....
   ✓ ....

10. Führerschein *(ich)* ....
    ✗ ....

11. Kreditkarte *(wir)* ....
    ✗ ....

12. Aspirin *(wir)* ....
    ✓ ....

13. Kalender *(ich)* ....
    ✗ ....

14. Regenschirm *(ich)* ....
    ✗ ....

Imperativ			⇨ Teil C Seite 160
formell:	Schließen Sie bitte die Tür!	Sie schließen … →	Schließen Sie …!
informell:	Lass die Kreditkarte hier!	Du lässt … →	Lass …!
	Nimm die Kreditkarte mit!	Du nimmst … mit. →	Nimm … mit!
	Nehmt die Kreditkarte mit!	Ihr nehmt … mit. →	Nehmt … mit!

A12 **Vor dem Urlaub**
Hören Sie das Gespräch zwischen Frau und Herrn Berg.
Was ist richtig, was ist falsch? Kreuzen Sie an.

Herr Berg	richtig	falsch
■ hat seinen Koffer schon gepackt.	☐	✗
1. hat am Freitag einige Dinge für den Urlaub gekauft.	☐	☐
2. findet das neue Hemd nicht schön.	☐	☐
3. möchte den Anzug umtauschen.	☐	☐
4. sucht sein Handy.	☐	☐
5. hat insgesamt drei Fotoapparate.	☐	☐
6. will in Italien neue Kleidung kaufen.	☐	☐

umtauschen — **Kleidung/Schuhe** — anprobieren

ein Hemd
einen Anzug
eine Hose
Schuhe

zurückgeben — kaufen

A13 **Personalpronomen im Dativ**
Lesen Sie die Sätze.

Das Hemd gefällt mir nicht.
Der Anzug passt dir nicht?
Der Anzug passt mir nicht.

Personalpronomen: Dativ

		Nominativ	Akkusativ	Dativ
Singular	1. Person	ich	mich	mir
	2. Person	du	dich	dir
	3. Person	er	ihn	ihm
		sie	sie	ihr
		es	es	ihm
Plural	1. Person	wir	uns	uns
	2. Person	ihr	euch	euch
	3. Person	sie	sie	ihnen
formell		Sie	Sie	Ihnen

Verben mit Dativ   ⇨ Teil C S. 162

Das Verb regiert im Satz.

Die Schuhe   gefallen   mir nicht.
           gefallen
NOMINATIV   DATIV

Das Kleid   passt   mir nicht.
          passen
NOMINATIV   DATIV

A14 **Wie gefällt dir …?**
Spielen Sie Dialoge.

■ Wie gefällt dir *(meine neue Bluse)*?

☐ *(Deine neue Bluse)* gefällt mir sehr gut!
Mir gefällt *(die Bluse)* überhaupt nicht!

■ Wie gefällt Ihnen *(meine neue Bluse)*?

☐ *(Ihre neue Bluse)* gefällt mir sehr gut!

1 die Bluse	2 das Auto	3 die Tasche	4 der Pullover
5 der Mantel	6 die Mütze/der Schal	7 der Schlafanzug	8 der Rock
9 das T-Shirt/das Hemd	10 die Socken	11 die Brille	12 die Schuhe

 A15 **Interview: Kleidung**
Fragen Sie Ihre Nachbarin/Ihren Nachbarn und berichten Sie.

die Jogginghose ▪ das T-Shirt ▪ der Pullover (Pulli) ▪ der Anzug ▪
das Hemd ▪ die Krawatte ▪ der Rock ▪ das Jackett ▪ das Kleid ▪
die Bluse ▪ die Jeans

● Was tragen Sie/trägst du gern?
● Was ist dein/Ihr Lieblingskleidungsstück?
● Was tragen Sie/trägst du in der Uni/im Büro?
● Was tragen Sie/trägst du zu Hause?

Meine Nachbarin/Mein Nachbar trägt in der Uni/im Büro/zu Hause …
Sie/Er mag …

tragen		⇨ Teil C Seite 160
Singular	ich	trage
	du	trägst
	er/sie/es	trägt
Plural	wir	tragen
	ihr	tragt
	sie	tragen
formell	Sie	tragen

Wichtige Verben und Wendungen mit dem Dativ

- Wie geht es dir/Ihnen?
  Mir geht es gut.
- Das Essen schmeckt mir.
- Die Schuhe passen mir.
- Das Hotelzimmer gefällt mir.
- Das Auto gehört mir.
- Der Anzug steht mir.
- Kann ich Ihnen helfen?
- Ich danke Ihnen.

A16 Personalpronomen im Dativ
Antworten Sie.

■ Wie geht es Ihnen?   *Danke, mir geht es gut.*

1. Schmeckt dir die Tomatensuppe? ....

2. Gefällt euch das Hotel? ....

3. Wie geht es Klaus? ....

4. Passt dir der Bikini? ....

5. Wie geht es Ihrer Frau? ....

6. Gefällt dir meine Sonnenbrille? ....

7. Schmeckt dir das Schnitzel? ....

8. Gehört dir die Tasche? ....

9. Schmeckt euch der Kaffee? ....

10. Passen dir die Socken? ....

11. Steht mir die Bluse? ....

12. Schmeckt dir der Wein? ....

A17 **Frau Berg kauft eine neue Bluse.**
Hören Sie den Dialog und lesen Sie ihn mit verteilten Rollen.

 2.20

Verkäuferin:	Kann ich Ihnen helfen?
Frau Berg:	Ich hätte gern die Bluse dort im Schaufenster.
Verkäuferin:	Diese?
Frau Berg:	Ja, genau diese. Welche Größe ist das?
Verkäuferin:	Das ist Größe 40. Wir haben die Bluse aber auch in anderen Größen und anderen Farben.
Frau Berg:	Auch in Gelb?
Verkäuferin:	Nein, in Gelb leider nicht. Aber in Rot, Grün und Schwarz.
Frau Berg:	Kann ich die schwarze Bluse einmal anprobieren?
Verkäuferin:	Ja, gerne.
Frau Berg:	Was meinen Sie? Steht mir diese Bluse?
Verkäuferin:	Sie steht Ihnen ausgezeichnet.
Frau Berg:	Was kostet die Bluse?
Verkäuferin:	59 Euro.
Frau Berg:	Gut, ich nehme sie. Ich zahle mit Kreditkarte.
Verkäuferin:	Auf Wiedersehen und herzlichen Dank.

Die Farben

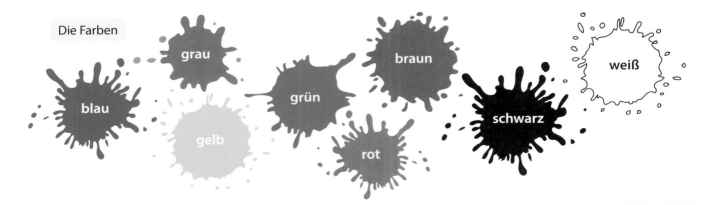

grau   braun   weiß   blau   grün   schwarz   gelb   rot

A18 Einkaufen

Sie möchten gern ein Paar Schuhe, eine Regenjacke, eine Hose oder einen Pullover kaufen.
Spielen Sie Dialoge.

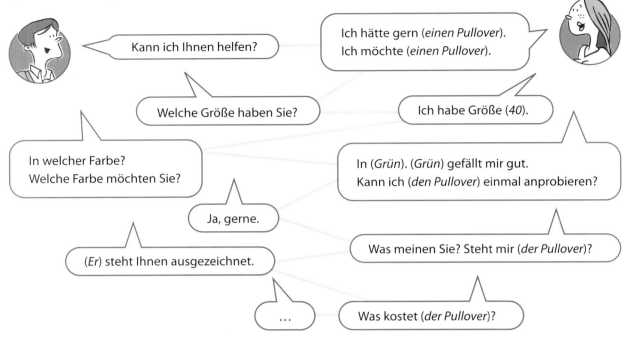

Die Nomengruppe: Demonstrativartikel und -pronomen

	Singular					Plural	
	maskulin		**feminin**		**neutral**		**Plural**
Nominativ	welcher	Fernseher	welche	Bluse	welches	Auto	welche	Schuhe
	dieser	Fernseher	diese	Bluse	dieses	Auto	diese	Schuhe
Akkusativ	welchen	Fernseher						
	diesen	Fernseher						

Welchen Pullover möchten Sie? Den blauen. ⟶ Diesen.
Welche Bluse möchten Sie? Die blaue. ⟶ Diese.
Welches Kleid möchten Sie? Das blaue. ⟶ Dieses.

A19 Demonstrativartikel

Ergänzen Sie *dies-* in der richtigen Form.

- *Dieser* Wein schmeckt mir nicht.

1. Steht mir .... Kleid?
2. Willst du wirklich .... Schuhe kaufen?
3. Was kostet .... Fahrrad?
4. Hast du .... Haus schon fotografiert?
5. Kennst du .... Frau?
6. .... Handy funktioniert nicht.
7. Ich mag .... Film nicht.
8. Wie gefällt dir .... Brille?

9. Ist .... Anzug von Giorgio Armani?
10. .... Bluse ist sehr schön.
11. .... Suppe schmeckt ausgezeichnet.
12. .... Laptop gehört mir nicht.
13. Willst du wirklich .... Tabletten nehmen?
14. .... Zimmer ist zu dunkel.
15. .... Auto habe ich schon einmal gesehen.
16. Wir akzeptieren .... Kreditkarte nicht.
17. .... Regenschirm ist kaputt.

A20 Phonetik: ch [ç] und [x]
Hören und wiederholen Sie.

| ch [ç] | | ch [x] | |

| ich – ch [ç] | nach: *i, e, ö, ü, ä, eu, ei, n, l, r* |

ich – mich – natürlich – sechzehn – sprechen –
möchte – Bücher – nächste – euch – weich –
manchmal – München – Milch – welche – durch

| Mädchen – ch [ç] | in: *-chen* |

Mädchen – Brötchen

Ich möchte sechzehn Bücher.
Wie gefällt euch München?
Ich spreche Deutsch.
Welche Brötchen möchtet ihr?
Manchmal trinke ich Milch.
Natürlich esse ich weiche Eier.

| billig – ich [iç] | in: *-ig* |

wichtig – billig – wenig – richtig – ledig – sechzig

Ich bin ledig.
Die Bücher sind billig.
Das ist richtig und wichtig.
Ich möchte gern Milch in den Tee, aber nur wenig.
Das Brötchen kostet sechzig Cent.

| machen – ch [x] | nach: *a, o, u, au* |

machen – nach – Woche – doch – Buch – Kuchen –
auch

Was machen wir nächste Woche?
Nächste Woche fahre ich nach München.
Isst du auch gern Kuchen?
Möchtest du das Buch kaufen?

Verkehrsmittel

A21 Informationen am Bahnhof
Hören Sie den Dialog und beantworten Sie die Fragen.

■   Wohin will Herr Große fahren?   *nach Hamburg*

1. An welchem Tag? ....
2. Welchen Zug nimmt er? ....
3. Wann ist er in Hamburg? ....
4. Muss er in Berlin umsteigen? ....
5. Fährt Herr Große erste oder zweite Klasse? ....
6. Was kostet die Fahrkarte? ....
7. Von welchem Gleis fährt der Zug? ....

A22   **Eine Fahrkarte kaufen**

a) Ergänzen Sie die Verben und lesen Sie den Text laut.

> kosten ▪ brauchen ▪ reservieren ▪ umsteigen ▪ nehmen ▪ **wollen** ▪ fahren (3 ×)

Frau Kühn:	Guten Tag. Eine Fahrkarte nach München bitte.
Herr Krause:	Wann *wollen* Sie fahren?
Frau Kühn:	Am Mittwoch. Das ist der dreizehnte.
Herr Krause:	Vormittags oder nachmittags?
Frau Kühn:	Vormittags.
Herr Krause:	Es .... ein Zug um 11.20 Uhr.
	Es .... auch ein Zug um 9.20 Uhr,
	aber dann müssen Sie in Köln ....
Frau Kühn:	Nein, das möchte ich nicht! Ich .... den Zug
	um 11.20 Uhr. Wann ist der Zug in München?
Herr Krause:	Um 17.00 Uhr.
Frau Kühn:	Was .... die Fahrkarte?
Herr Krause:	.... Sie auch eine Rückfahrkarte?
Frau Kühn:	Nein, ich fahre mit dem Auto zurück.
Herr Krause:	Also eine einfache Fahrt. .... Sie erste oder
	zweite Klasse?
Frau Kühn:	Zweite Klasse.
Herr Krause:	Möchten Sie einen Sitzplatz ....?
Frau Kühn:	Nein, danke.
Herr Krause:	Dann kostet die Fahrkarte 50,35 Euro.

b) Kaufen Sie eine Fahrkarte am Schalter. Spielen Sie Dialoge.

- Wann fährt der Zug nach …?
- Wann kommt der Zug in … an?
- Von welchem Gleis fährt der Zug?
- Wie viel kostet …?
- Muss ich umsteigen?

A23   **Chatten beim Reisen**

a) Lesen Sie die Chats.

09:05

Johann
Hallo Eva, ich bin im Zug und komme um 13.30 Uhr am Bahnhof an. Ich kann gegen 14 Uhr bei dir sein. Passt dir das?

Eva
Alles klar. Bin zu Hause.

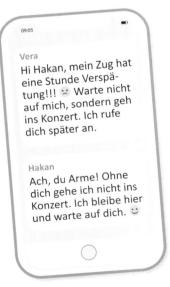

09:05

Vera
Hi Hakan, mein Zug hat eine Stunde Verspätung!!! ☹ Warte nicht auf mich, sondern geh ins Konzert. Ich rufe dich später an.

Hakan
Ach, du Arme! Ohne dich gehe ich nicht ins Konzert. Ich bleibe hier und warte auf dich. ☺

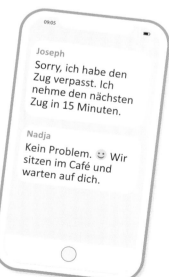

09:05

Joseph
Sorry, ich habe den Zug verpasst. Ich nehme den nächsten Zug in 15 Minuten.

Nadja
Kein Problem. ☺ Wir sitzen im Café und warten auf dich.

b) Schreiben Sie ähnliche Nachrichten.
Reagieren Sie auf die Nachricht einer anderen Person in der Gruppe.

A24 Verkehrsmittel

a) Hören und lesen Sie.

> der Zug/die Bahn ▪ das Auto ▪ das Motorrad ▪ der Bus ▪
> das Schiff/die Fähre ▪ das Flugzeug

b) Welche Verkehrsmittel benutzen Sie im Urlaub? Berichten Sie.

Ich nehme den Zug/die Bahn

das Auto

das Motorrad

den Bus

das Schiff/die Fähre

das Flugzeug

→ Akkusativ

Ich fahre/reise mit dem Zug/der Bahn

dem Auto

dem Motorrad

dem Bus

dem Schiff/der Fähre

Ich fliege/reise mit dem Flugzeug

→ Dativ

Die Nomengruppe: Der Dativ ⇨ Teil C Seite 164

	Singular						Plural	
	maskulin		feminin		neutral			
Nominativ	der	Zug	die	Fähre	das	Auto	die	Züge
Akkusativ	den	Zug						
Dativ	de**m**	Zug	de**r**	Fähre	de**m**	Auto	de**n**	Zügen
	eine**m**	Zug	eine**r**	Fähre	eine**m**	Auto		

Ich fahre/reise/fliege mit + Dativ.

A25 Dialoge

Fragen und antworten Sie.

■ fahren – du – Fähre

Fährst du mit der Fähre?

fliegen – Flugzeug

Nein, ich fliege mit dem Flugzeug.

1. fahren – ihr – Auto

....

reisen – Zug

....

2. fahren – Sie – Zug

....

fahren – Bus

....

3. fliegen – Sie – Flugzeug

....

fahren – Schiff

....

4. fahren – du – Zug

....

fahren – Motorrad

....

5. fahren – ihr – Bus

....

fahren – Auto

....

6. fahren – Sie – Bahn

....

fahren – Bus

....

A26   Wortschatz: Verkehr

a) Hören und lesen Sie die vorgegebenen Wörter. Schlagen Sie unbekannte Wörter im Wörterbuch nach.

der Parkplatz · der Hafen · der Bahnhof · der Flughafen · die Fahrkarte · das Flugticket · der Fahrplan · der Fahrkartenschalter · der Stau · die Verspätung · die Ampel · der Sitzplatz · die Abfahrt · der Abflug · die Landung · der Flugplan · die Ankunft · die Tankstelle · die Straße · die Autobahn · die Haltestelle · das Gleis · der Fahrgast · der Passagier · die Passkontrolle

b) Welche Wörter passen zu welchem Verkehrsmittel/zu welchen Verkehrsmitteln? Ordnen Sie zu. Arbeiten Sie in Gruppen.

der Zug	das Schiff	das Auto
		der Parkplatz, ...
....	....	....
....	....	....
....	....	....
....	....	....
....	....	....

das Motorrad	das Flugzeug	der Bus
der Parkplatz, ...	....	*der Parkplatz,* ....
....	....	....
....	....	....
....	....	....
....	....	....
....	....	....

A27   Wortschatztraining

Ergänzen Sie die Nomen.

Flugplan · Hafen · Stau · Flugtickets · Gleis · Verspätung · Passkontrolle · Haltestelle · Tankstelle · Ampel · Fahrkartenschalter · Fahrkarte

■   An der *Haltestelle* kann man in den Bus einsteigen.

1. Am .... kann man eine Fahrkarte kaufen.

2. Auf der Autobahn steht man manchmal im ....

3. .... kaufen wir immer im Internet.

4. An vielen Grenzen in Europa gibt es keine .... mehr.

5. Das Schiff ist im ....

6. Heute hat der Zug aus Hamburg keine ....

7. Diese .... steht immer auf Rot!

8. Hast du schon eine .... gekauft?

9. Wir haben kein Benzin mehr. Hoffentlich ist hier irgendwo eine ....

10. Auch den .... vom Flughafen in München kann man im Internet finden.

11. Der Intercity-Express von Berlin nach München hat in wenigen Minuten Einfahrt am .... drei.

A28 **Verkehrsdurchsagen**

Hören Sie die Durchsagen an einem Bahnhof und im Radio.
Kreuzen Sie die richtige Information an.

1. Sie wollen nach Berlin und stehen auf dem Bahnhof in Hannover.
   a) ☐ Ihr Zug fährt um 14.35 Uhr ab.
   b) ☐ Ihr Zug fährt nicht nach Berlin weiter.
   c) ☐ Ihr Zug kommt 30 Minuten später.

2. Sie sitzen im Intercity-Express. Sie möchten nach Magdeburg.
   a) ☐ Sie müssen in Berlin-Schönefeld umsteigen.
   b) ☐ Sie müssen in Leipzig umsteigen.
   c) ☐ Der Zug hält in Magdeburg.

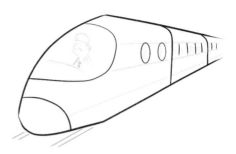

3. Sie möchten Ihre Mutter am Bahnhof abholen und stehen am Gleis 15.
   a) ☐ Der Zug aus Köln kommt in wenigen Minuten an.
   b) ☐ Der Zug aus Köln hat wenige Minuten Verspätung.
   c) ☐ Der Zug aus Köln kommt auf einem anderen Bahnsteig/Gleis an.

4. Sie fahren mit dem Auto nach Innsbruck in Österreich. Sie fahren durch Bayern.
   a) ☐ Auf der Autobahn Richtung Innsbruck sind fünf Kilometer Stau.
   b) ☐ Auf der Autobahn Richtung Innsbruck sind zehn Kilometer Stau.
   c) ☐ Auf der Autobahn Richtung Innsbruck gibt es keinen Stau.

5. Sie fahren auf der A 75 von Augsburg nach München.
   a) ☐ Auf der Autobahn Richtung München gibt es zehn Kilometer Stau.
   b) ☐ Auf der Autobahn Richtung München gibt es drei Kilometer Stau.
   c) ☐ Auf der Autobahn Richtung München gibt es zwei Kilometer Stau.

6. Sie fahren auf der A 9 von München nach Nürnberg.
   a) ☐ Auf der Autobahn Richtung Nürnberg sind Personen auf der Fahrbahn.
      Die Autofahrer müssen in Ingolstadt abfahren.
   b) ☐ Auf der Autobahn Richtung Nürnberg sind bei Ingolstadt Personen
      auf der Fahrbahn. Die Autofahrer müssen langsam fahren.
   c) ☐ Auf der Autobahn Richtung Nürnberg sind Personen auf der Fahrbahn.
      Bei Ingolstadt gibt es einen Stau.

A29 **Sie haben Post!**

Lesen oder hören Sie die E-Mail von Karola.

Neue Nachricht	_ □ ×

Von: <Karola>   **An:** <Brigitte>

Betreff: Ostseegrüße

Liebe Brigitte,

herzliche Grüße von der Ostsee. Wir sind gestern hier auf der Insel Hiddensee angekommen. Bei der Fahrt hatten wir schreckliches Wetter! Es hat den ganzen Tag geregnet. Die Insel Hiddensee ist eine Insel in der Ostsee. Es gibt keine Straße zur Insel, man muss mit der Fähre fahren. Leider hatte die Fähre viele Stunden Verspätung, denn es war ein heftiger Sturm. Wir waren erst um 23.00 Uhr im Hotel „Post". Das Hotel hat vier Sterne, große Zimmer und ein reichhaltiges Frühstücksbüfett.

Heute scheint die Sonne und wir sind schon am Strand spazieren gegangen. Die Insel ist klein und wunderschön. Es gibt fast keine Autos, alle fahren mit dem Fahrrad. Wir wollen heute Nachmittag einen Ausflug nach Neuendorf machen, das liegt im Süden. Wir fahren natürlich auch mit dem Fahrrad. In Neuendorf gibt es ein gutes Fischrestaurant. Dort möchte ich heute Abend gern essen, aber Matthias mag keinen Fisch. Vielleicht kann er in dem Restaurant auch ein Steak essen. Morgen besuchen wir eine Ausstellung im Heimatmuseum. Sie zeigt Bilder von der Insel und dem Meer.
Ich rufe dich am Wochenende an.

Liebe Grüße
Karola

Senden

A30 **Eine E-Mail aus dem Urlaub**

Schreiben Sie einer Freundin/einem Freund eine E-Mail.

- Wo sind Sie?
- Wie ist das Hotel?
- Wie ist das Wetter?
- Wie ist das Essen?
- Was schmeckt besonders gut? Was schmeckt Ihnen nicht?
- Was machen Sie?

A31 **Ihr letzter Urlaub**

Berichten Sie über Ihren letzten Urlaub.

- Wohin/Womit sind Sie gefahren?
- Wo haben Sie übernachtet?
- Wie lange sind Sie geblieben?
- Was haben Sie gesehen/besucht?
- Was haben Sie gegessen/getrunken?
- Hat Ihnen der Urlaub gefallen?

A32 **Urlaubsplanung**

Sie und Ihre Nachbarin/Ihr Nachbar haben 5 000 Euro im Lotto gewonnen und planen jetzt gemeinsam eine Reise. Sprechen Sie über die folgenden Punkte.

> Wir fahren nach *(Italien)*! ▪ Ich möchte nach *(Italien)* fahren. ▪ Was meinst du?
> Das ist eine gute Idee. ▪ Ich finde das nicht so gut, denn … ▪ Ich möchte lieber …

- Wohin wollen Sie fahren?
- Wann wollen Sie fahren? *(im Winter, im August …)*
- Wie lange möchten Sie bleiben?
- Mit welchem Verkehrsmittel wollen Sie reisen?
- Was möchten Sie dort machen?

Wissenswertes *(fakultativ)*

B1 **Urlaubsreise: Leider nein!**

a) Gibt es einen Grund, nicht in den Urlaub zu fahren? Antworten Sie.

keine Arbeit haben

zu viel Arbeit haben

es zu Hause besser finden

Angst vor Kriminalität oder Terror haben

gerade einen Roman/ eine Diplomarbeit/ Doktorarbeit schreiben

kein Interesse für fremde Länder haben

keine unbekannten Gerichte mögen

kein Geld haben

gesundheitliche Probleme haben

Ich fahre dieses Jahr nicht in den Urlaub, denn …
Ich bin letztes Jahr nicht in den Urlaub gefahren, denn …
Wenn man …, sollte/kann man nicht in den Urlaub fahren.

b) Welche Gründe haben die Deutschen, nicht in den Urlaub zu fahren?

Warum sind die Deutschen nicht verreist? Das waren die Gründe:

	vor 10 Jahren	heute
finanziell	28	40
familiär	19	20
gesundheitlich	10	17
beruflich	19	7
sonstige	24	16

Angaben in Prozent

B2 **Was im Urlaub wichtig ist**

a) Hören und lesen Sie den Text.

2.27

Ostseebad Ahlbeck

Endlich Urlaub!

Der Urlaub ist die schönste Zeit im Jahr. Viele Menschen wollen in den Wochen ohne Arbeit ihre freie Zeit genießen. Das bestätigt eine neue Umfrage in Deutschland. 73 Prozent
5 reisen gern in Orte mit einer schönen Landschaft. Die Natur spielt also eine große Rolle.

Auch gutes Essen und die Freundlichkeit im Gastland sind sehr wichtig. Die Urlauber achten außerdem auf den Preis. Für einen
10 höheren Preis erwarten die Menschen guten Service. Weitere wichtige Punkte sind gutes Wetter und eine problemlose An- und Abreise.

b) Finden Sie das passende Verb.

(1) die schönste Zeit im Jahr   (a) achten
(2) die freie Zeit   (b) erwarten
(3) in Orte mit einer schönen Landschaft   (c) reisen
(4) eine große Rolle   (d) sein
(5) auf den Preis   (e) genießen
(6) guten Service   (f) spielen

c) Was finden Sie im Urlaub wichtig? Berichten Sie.

die Landschaft/die Natur ▪ das Wetter ▪ das Essen ▪ die Freundlichkeit ▪ der Service (im Hotel/in Restaurants) ▪ der Preis ▪ die An- und Abreise	Ich achte auf … … finde ich wichtig. … spielt für mich eine große Rolle.

B3   **Urlaubsländer im Vergleich**

a) Hören und lesen Sie den Text.

2.28

Billige Türkei, teures Frankreich

Der ADAC (Allgemeiner Deutscher Automobil-Club) hat acht beliebte Urlaubsländer in Europa getestet: Wo ist es am teuersten, wo am billigsten? Und hier sind die Resultate:

5 Das teuerste Urlaubsland ist Frankreich. Hier muss der Urlauber 40 Prozent mehr bezahlen

als in der Türkei. Die Unterschiede sind sehr deutlich: Eine Tasse Kaffee am Strand von Alanya kostet 1,17 Euro, eine Tasse Kaffee in 10 St. Tropez kostet 3,48 Euro.

Deutschland schneidet bei dem Test überraschend positiv ab*. Zum Beispiel bezahlt man in Deutschland für ein Eis 1,18 Euro, in Frankreich 1,92 Euro. Italien und Spanien 15 sind billiger als Frankreich, aber es sind keine preiswerten Urlaubsländer mehr. Auch das junge Urlaubsland Slowenien ist teurer als Deutschland.

Testsieger ist die Türkei. Dort bekommt der 20 Urlauber mehr für sein Geld als in den anderen europäischen Testländern.

* bei einem Test gut abschneiden =
  gute Resultate bekommen

teuer →	teurer →	am teuersten (**teurer sein** als …)
billig →	billiger →	am billigsten
viel →	mehr →	am meisten

b) Ergänzen Sie die passenden Nomen.

Geld ▪ **Urlauber** ▪ Test ▪ Strand ▪ Testsieger ▪ Urlaubsländer ▪ Unterschiede

In Frankreich muss der *Urlauber* 40 Prozent mehr bezahlen als in der Türkei.

Die ……………… sind sehr deutlich: Eine Tasse Kaffee

am ……………… von Alanya kostet 1,17 Euro, eine Tasse Kaffee

in St. Tropez kostet 3,48 Euro. Deutschland schneidet bei

dem ……………… überraschend positiv ab. Italien und

Spanien sind keine preiswerten ……………… mehr.

……………… ist die Türkei. Dort bekommt man mehr für

sein ……………… als in den anderen Ländern.

Satzverbindungen: Konjunktionen

Konjunktionen

	Satzverbindung		
	Satz 1	**Konjunktion**	**Satz 2**
Grund	Ich mache am liebsten im Januar Urlaub,	denn	ich liebe den Schnee.
Gegensatz	Früher habe ich im Sommer Urlaub gemacht,	aber	heute fahre ich lieber im Winter weg.
	Ich fahre dieses Jahr <u>nicht</u> nach Italien,	sondern	ich fliege nach Japan.
Alternative	Vielleicht fahren wir in die Berge	oder	wir fahren ans Meer.
Addition	Wir fahren im Januar nach Österreich	und	im Sommer fahren wir nach Irland.

Das Verb steht auf Position II.   Das Verb steht auf Position II.

C1 **Finden Sie die passende Ergänzung.**

(1) Ich besuche dich nicht am Freitag,

(2) Das Essen in diesem Restaurant ist sehr teuer,

(3) Ich fahre im Winter nicht nach Schweden,

(4) Wir wollen zuerst ins Museum gehen

(5) Wir können für 150 Euro eine Nacht im Hotel „Merian" schlafen

(6) Dieses Zimmer hat kein WLAN,

(7) Sie studiert nicht in Hamburg,

(8) Ich kann die Rechnung nicht bezahlen,

(a) aber es schmeckt schrecklich.

(b) und danach essen wir etwas.

(c) sondern ich komme am Sonntag.

(d) aber es hat einen Fernseher und eine Minibar.

(e) sondern sie studiert in Berlin.

(f) denn dort ist es so kalt.

(g) denn ich habe kein Geld.

(h) oder wir übernachten für 150 Euro drei Nächte im Hotel „Adria".

C2 **Ergänzen Sie *denn, oder, aber, und, sondern.***

■ Ich kann leider nicht in den Urlaub fahren, *denn* ich muss arbeiten.

1. Früher war es in Frankreich noch nicht so teuer, ... heute zahlt man für eine Tasse Kaffee in St. Tropez über drei Euro.

2. Wir fahren diesen Sommer nach Spanien .... wir bleiben zu Hause.

3. Wir bleiben diesen Sommer zu Hause, ... wir haben kein Geld für eine Reise.

4. Unsere Nachbarn haben ein neues Auto gekauft .... sie fliegen im Sommer nach Japan.

5. Ich fahre im Winter nicht in die Berge, ... ich kann nicht Ski fahren.

6. Wir wohnen dieses Jahr nicht im Hotel „Seeblick", ... wir übernachten im Hotel „Jäger".

7. Paul arbeitet viel und hart, ... er hat keinen Erfolg.

8. Wir gehen gerne ins Restaurant „Goldfisch", ... das Essen ist dort ausgezeichnet.

Verben

Das Modalverb *wollen*

Konjugation	ich	will	wir	wollen
	du	willst	ihr	wollt
	er/sie/es	will	sie/Sie	wollen

Satzbau Beachten Sie die Satzklammer:

I.	II.	Temporalangabe	Lokalangabe	Satzende
Wir	wollen	dieses Jahr	nach Spanien	fahren.

Gebrauch	Wunsch:	Ich will dieses Jahr im Oktober Urlaub machen.	
aber:	eine Bitte äußern:	Ich will ein Einzelzimmer.	⟶ *unhöflich*
	besser:	Ich möchte ein Einzelzimmer.	⟶ *höflich*

C3 **Bilden Sie Sätze. Achten Sie auf den Satzbau.**

◼ in die Berge – wollen – wir – fahren – im Winter   *Wir wollen im Winter in die Berge fahren.*

1. nicht – ich – Ski fahren – können   ....

2. du – müssen – noch – beantworten – die E-Mails   ....

3. möchte(n) – heute – ich – an den Strand – gehen   ....

4. ihr – mitkommen – wollen?   ....

5. Peter – seine Mutter – wollen – abholen – vom Bahnhof   ....

6. das Hotel – ich – heute – noch – anrufen – müssen   ....

7. Sie – die Gäste – können – begrüßen?   ....

8. eine Tasse Kaffee – du – möchte(n) – trinken – noch?   ....

9. im Restaurant – sollen – einen Tisch – bestellen – ich?   ....

10. müssen – ich – noch – eine Fahrkarte – kaufen   ....

11. Marina – einen Sprachkurs – an der Universität – wollen – besuchen   ....
....

Imperativ (formell und informell)

formell	Schließen Sie bitte die Tür!	Sie schließen … ⟶ Schließen Sie …!

informell	**2. Person Singular**	
	Kauf noch eine Zitrone!	Du kaufst … ⟶ Kauf …!
	Nimm die Kreditkarte mit!	Du nimmst … ⟶ Nimm …!
	Arbeite nicht so viel!	Du arbeitest … ⟶ Arbeite …!
		⟶ Das Personalpronomen und *-st* fällt weg.
	Fahr nicht so schnell!	Du fährst … ⟶ Fahr …!
		⟶ Bei Verben mit Umlaut fällt auch der Umlaut weg.
	2. Person Plural	
	Nehmt die Kreditkarte mit!	Ihr nehmt … ⟶ Nehmt …!
		⟶ Das Personalpronomen fällt weg.

C4   Bilden Sie aus den Fragen Aufforderungen. Ergänzen Sie das Verb im Imperativ.

- Besuchst du deinen Vater am Wochenende?   *Besuch*   deinen Vater am Wochenende!
1. Fahrt ihr mit dem Auto?   .... mit dem Auto!
2. Machst du bitte das Radio leiser?   .... bitte das Radio leiser!
3. Isst du noch etwas Obst?   .... noch etwas Obst!
4. Erklärst du mir das noch einmal?   .... mir das noch einmal!
5. Trinkt ihr täglich zwei Liter Wasser?   .... täglich zwei Liter Wasser!
6. Nehmt ihr Sonnencreme mit?   .... Sonnencreme mit!
7. Stehst du morgen früh auf?   .... morgen früh auf!
8. Löschst du bitte die E-Mail?   .... bitte die E-Mail!
9. Kopiert ihr den Text bitte zehnmal?   .... den Text bitte zehnmal!
10. Schaltet ihr bitte die Computer aus?   .... bitte die Computer aus!

C5   Bilden Sie Sätze. Achten Sie auf den Satzbau.

a) Fordern Sie einen Freund/eine Freundin auf, er/sie soll …

- nicht so viel arbeiten   *Arbeite nicht so viel!*
1. nicht so laut sprechen   ....
2. den Pass mitnehmen   ....
3. den Fernseher ausmachen   ....
4. mehr arbeiten   ....
5. das Fenster öffnen   ....
6. den Hund zu Hause lassen   ....
7. nicht so schnell fahren   ....
8. eine Flasche Wein mitbringen   ....
9. nicht so spät kommen   ....
10. mehr Gemüse und weniger Fleisch essen   ....
11. mal diesen Zeitungsartikel lesen   ....
12. nicht so viel Bier trinken   ....
13. heute noch die Fahrkarten kaufen   ....
14. nicht immer so lange schlafen   ....

b) Bitten Sie einen Kollegen/eine Kollegin, er/sie soll …

- Frau Müller morgen anrufen   *Bitte rufen Sie morgen Frau Müller an.*
1. die Gäste vom Bahnhof abholen   ....
2. den Brief an die Firma Kalau schreiben   ....
3. die E-Mail beantworten   ....
4. einen Tisch im Restaurant bestellen   ....
5. den Fehler im Programm suchen   ....
6. den Computer neu starten   ....
7. den Drucker einschalten   ....
8. das Fenster schließen   ....

Verben mit Akkusativ oder Dativ

Ich	mag	dich.
	mögen	
NOMINATIV		AKKUSATIV

Ich	brauche	ein neues Auto.
	brauchen	
NOMINATIV		AKKUSATIV

Das Verb regiert im Satz.

Die Jacke	gefällt	mir.
	gefallen	
NOMINATIV		DATIV

Ich	helfe	meinem Freund.
	helfen	
NOMINATIV		DATIV

C6 Ergänzen Sie die Personalpronomen.

		Nominativ	Akkusativ	Dativ
Singular	1. Person	ich	....	mir
	2. Person	du	dich	....
	3. Person	er	ihn	....
		sie	....	ihr
		es	es	....
Plural	1. Person	wir	uns	....
	2. Person	ihr	....	euch
	3. Person	sie	sie	ihnen
formell		Sie	Sie	....

C7 Welche Ergänzung haben die Verben? Lesen Sie die Sätze und ergänzen Sie die Tabelle.

Wir besuchen einen Freund. ▪ Ich rufe dich morgen an. ▪ Kannst du mir helfen? ▪ Wir danken Ihnen. ▪ Ich sehe einen Film. ▪ Kennst du den Mann? ▪ Der Anzug gefällt mir. ▪ Ich hole dich vom Bahnhof ab. ▪ Die Schuhe passen mir nicht.

Akkusativ	Dativ
....	....
....	....
....	....
....	....
....	....

C8 Ergänzen Sie *mir* oder *mich/dir* oder *dich*.

▪ Wie geht es *dir?*

1. Danke, ... geht es ausgezeichnet.
2. Rufst du .... morgen an?
3. Die Jacke ist zu groß, sie passt .... nicht.
4. Wann besuchst du .... endlich?
5. Holst du .... vom Bahnhof ab?
6. Ich finde, das neue Hemd steht .... sehr gut.
7. Hilfst du ....?
8. Sehe ich .... morgen?
9. Ich danke ....
10. Kennst du .... nicht mehr?
11. Gefällt .... mein neuer Mantel?

C9 Ergänzen Sie die Verben im Präsens.

essen ▪ spielen ▪ haben (2 ×) ▪ scheinen ▪ geben ▪ gehen ▪ schmecken ▪ besuchen

Liebe Brigitte,

herzliche Grüße von der Nordsee. Wir .... wunderbares Wetter. Die Sonne

.... den ganzen Tag. Unser Hotel .... vier Sterne, aber das

Essen .... schrecklich. Heute Abend

.... wir in einem Restaurant. Heute

Nachmittag .... wir Tennis und

.... eine Kunstausstellung.

Morgen .... es hier ein Rockkonzert!

Da .... wir natürlich hin.

Liebe Grüße und arbeite nicht so viel!!!

Kerstin

Grüße
von der
NORDSEE

C10 Ergänzen Sie das Verb im Perfekt. Benutzen Sie die Verbliste auf Seite 238.

Wir sind früher immer mit dem Auto nach Italien *gefahren (fahren)*. Das hat sieben
Stunden .... *(dauern)* und an der Grenze haben wir immer lange
.... *(warten)*. Ich war den ganzen Tag am Strand und
habe Krimis .... *(lesen)*. Manchmal hat es .... *(regnen)*.
Dann habe ich die Modegeschäfte .... *(besuchen)* und viel Geld
.... *(ausgeben)*, viel zu viel Geld! Mein Bruder hat den ganzen Tag
am Strand Fußball .... *(spielen)* – wie langweilig! Nachmittags haben
wir natürlich italienisches Eis .... *(essen)* und einen Espresso
.... *(trinken)*. Noch heute träume ich von Eis und Espresso in Italien.

C11 Was haben Sie im Urlaub gemacht? Bilden Sie Sätze im Perfekt.

▪ im Vier-Sterne-Hotel wohnen   *Wir haben im Vier-Sterne-Hotel gewohnt.*

1. in den Bergen wandern   ....

2. mit dem Handy telefonieren   ....

3. ein Museum besuchen   ....

4. spazieren gehen   ....

5. die Landschaft fotografieren   ....

6. Postkarten schreiben   ....

7. deutsche Wörter lernen   ....

8. Musik hören   ....

9. Souvenirs kaufen   ....

10. abends fernsehen   ....

Die Nomengruppe

Die Nomengruppe im Nominativ, Akkusativ und Dativ

	Singular						Plural	
	maskulin		feminin		neutral			
Nominativ	der	Zug						
	ein	Zug	die	Fähre	das	Auto	die	Züge
	dieser	Zug	eine	Fähre	ein	Auto		
			diese	Fähre	dieses	Auto	diese	Züge
Akkusativ	den	Zug						
	einen	Zug						
	diesen	Zug						
Dativ	dem	Zug	der	Fähre	dem	Auto	den	Zügen
	einem	Zug	einer	Fähre	einem	Auto		
	diesem	Zug	dieser	Fähre	diesem	Auto	diesen	Zügen

C12 **Ergänzen Sie den Artikel im Dativ.**

- Kommt ihr mit *dem* Zug?
1. Nein, wir kommen mit .... Auto.
2. Ist Marie mit .... Motorrad gefahren?
3. Fahrt ihr nach Irland wieder mit .... Fähre?
4. Ich fliege mit .... Boeing 747. (*die* Boeing)
5. Wollen Sie in den Urlaub fahren? Dann reisen Sie mit .... Bahn!
6. Heute kommt Opa. Er kommt mit .... Bus.

C13 **Ergänzen Sie den Artikel im Nominativ. Welches Wort passt nicht in die Reihe?**

- *der* Frühling – Sommer – Herbst – Winter – Jahreszeit *die Jahreszeit*
1. .... Wind – Schnee – Sturm – Gewitter – Regen ....
2. .... Sonne – Eis – Wärme – Hitze – Kälte ....
3. .... Wetter – Licht – Eis – Temperatur ....
4. .... Ostsee – Nordsee – Meer – Insel ....
5. .... Hotel – Frühstücksbüfett – Zimmer – Übernachtung ....
6. .... Kreditkarte – Sonnencreme – Koffer – Reisetasche ....
7. .... Regenschirm – Führerschein – Fotoapparat – Handy ....
8. .... Hemd – T-Shirt – Pullover – Kleid ....

C14 **Ergänzen Sie das passende Verb und den Artikel. Achten Sie auf den Kasus.**

scheinen ▪ fahren ▪ fotografieren ▪ wehen ▪ fliegen ▪ betragen ▪ kosten ▪ passen ▪ bezahlen ▪ telefonieren

- *die* Temperatur *beträgt*
1. .... Hotelzimmer ....
2. mit .... Auto ....
3. .... Kleid ....
4. mit .... Handy ....
5. .... Sonne ....
6. mit .... Flugzeug ....
7. .... Wind ....
8. mit .... Kreditkarte ....
9. mit .... Fotoapparat ....

C15 Lesen Sie den Dialog und ergänzen Sie die passenden Nomen.

Fahrkarte ▪ Zug ▪ Sitzplatz ▪ Klasse ▪ Rückfahrkarte ▪ Gleis

Wann fährt der nächste .... nach Berlin?

Um 12.45 Uhr.

Von welchem ....?

Acht.

Wie viel kostet die ....?

Möchten Sie eine ....?

Nein, eine einzelne Fahrt bitte.

Fahren Sie erste oder zweite ....?

Zweite.

Möchten Sie einen .... reservieren?

Ja, bitte.

Dann bekomme ich 26,30 Euro.

C16 Bilden Sie zusammengesetzte Nomen.

-bahn ▪ -hof ▪ -stelle ▪ -platz ▪ -hafen ▪ -schein ▪ -schalter ▪ -kontrolle ▪ -gast ▪ -plan

■ die Tank*stelle*

1. der Flug..........................
2. der Bahn..........................
3. der Führer..........................
4. die Pass..........................

5. der Fahr..........................
6. der Fahrkarten..........................
7. die Auto..........................
8. der Flug..........................
9. der Sitz..........................

Richtungsangaben

Länder ohne Artikel	nach	Deutschland, Italien, Frankreich, Südafrika …
Städte und Kontinente	nach	München, Europa …
Länder mit Artikel	in	die Schweiz, die Türkei, die Vereinigten Staaten, die Niederlande …
Wasser	an	die Nordsee, die Ostsee, an den Strand …
Inseln	auf	eine Insel, die Kanarischen Inseln, die Insel Sylt …
Menschen	zu	Marta, Oma und Opa …

C17 Ergänzen Sie die Präpositionen.

Wohin reist Familie Breuer?

Familie Breuer fährt …

■ *nach* Spanien
1. .... Köln
2. .... die Schweiz
3. .... Portugal
4. .... Paris
5. .... Sabine und Klaus

Familie Breuer fliegt …

6. .... die Vereinigten Staaten
7. .... eine schöne Insel
8. .... Japan
9. .... Brasilien
10. .... Italien
11. .... die Türkei

Rückblick

D1 Wichtige Redemittel
Hören Sie die Redemittel. Sprechen Sie die Wendungen
nach und übersetzen Sie sie in Ihre Muttersprache.

Zweisprachige Redemittellisten finden Sie
hier: www.schubert-verlag.de/wortschatz

Deutsch	Ihre Muttersprache

Das Wetter

Deutsch	Ihre Muttersprache
Es schneit.	....
Es regnet.	....
Es ist kalt.	....
Es ist warm. Es ist heiß.	....
Es ist neblig.	....
Es ist (*teilweise*) bewölkt.	....
Es ist sonnig.	....
Die Sonne scheint.	....
Die Temperatur liegt bei 33 Grad.	....
Die Tageshöchsttemperatur beträgt 19 Grad.	....

Kleidung kaufen

Deutsch	Ihre Muttersprache
Kann ich Ihnen helfen?	....
Ich hätte gern (*einen Pullover*).	....
Welche Größe haben Sie?	....
Ich habe/trage Größe (*40*).	....
Welche Farbe möchten Sie?	....
(*Grün*)./(*Grün*) gefällt mir gut.	....
Kann ich (*den Pullover*) einmal anprobieren?	....
Was meinen Sie? Steht mir (*der Anzug*)?	....
(*Er*) steht Ihnen (*ausgezeichnet*).	....
Die Schuhe passen mir (*nicht*).	....
Was kostet (*das Kleid*)?	....

Auf dem Bahnhof

Deutsch	Ihre Muttersprache
Wann fährt ein Zug nach (*Frankfurt*)?	....
Wann kommt der Zug in (*Frankfurt*) an?	....
Von welchem Gleis fährt der Zug?	....
Muss ich umsteigen?	....
Fährt der Zug durch?	....
Wie viel kostet die Fahrkarte für eine einfache Fahrt nach (*Dresden*)?	....
Was kostet eine Rückfahrkarte?	....
Ich fahre zweite Klasse.	....
Ich möchte einen Sitzplatz reservieren.	....

Verkehrsmittel

Ich fahre mit ....

    dem Auto/dem Zug/der Bahn/dem Schiff ....

    der Fähre/dem Motorrad/dem Bus. ....

Ich fliege mit dem Flugzeug. ....

D2 **Kleines Wörterbuch der Verben**

wollen	ich will wir wollen	du willst ihr wollt	er/sie will sie wollen
abholen *(die Gäste abholen)*	ich hole ab wir holen ab	du holst ab ihr holt ab	er/sie holt ab sie holen ab
achten *(auf den Preis achten)*	ich achte wir achten	du achtest ihr achtet	er/sie achtet sie achten
abfahren	ich fahre ab wir fahren ab	du fährst ab ihr fahrt ab	er/sie fährt ab sie fahren ab
ankommen	ich komme an wir kommen an	du kommst an ihr kommt an	er/sie kommt an sie kommen an
anprobieren *(einen Pullover anprobieren)*	ich probiere an wir probieren an	du probierst an ihr probiert an	er/sie probiert an sie probieren an
ausgeben *(Geld ausgeben)*	ich gebe aus wir geben aus	du gibst aus ihr gebt aus	er/sie gibt aus sie geben aus
betragen	Die Temperatur beträgt …		
bestätigen	Eine Studie bestätigt …		
danken	ich danke wir danken	du dankst ihr dankt	er/sie dankt sie danken
fliegen	ich fliege wir fliegen	du fliegst ihr fliegt	er/sie fliegt sie fliegen
frieren	ich friere wir frieren	du frierst ihr friert	er/sie friert sie frieren
gefallen	Die Jacke gefällt mir. Die Schuhe gefallen mir.		
gehören	Die Jacke gehört mir. Die Schuhe gehören mir.		
hassen *(den Winter hassen)*	ich hasse wir hassen	du hasst ihr hasst	er/sie hasst sie hassen
helfen	ich helfe wir helfen	du hilfst ihr helft	er/sie hilft sie helfen
lassen *(den Regenschirm zu Hause lassen)*	ich lasse wir lassen	du lässt ihr lasst	er/sie lässt sie lassen
lieben *(den Sommer lieben)*	ich liebe wir lieben	du liebst ihr liebt	er/sie liebt sie lieben

mitnehmen (den Fotoapparat mitnehmen)	ich nehme mit wir nehmen mit	du nimmst mit ihr nehmt mit	er/sie nimmt mit sie nehmen mit
passen	Die Jacke passt mir. Die Schuhe passen mir.		
packen (den Koffer packen)	ich packe wir packen	du packst ihr packt	er/sie packt sie packen
regnen	Es regnet.		
scheinen	Die Sonne scheint.		
schneien	Es schneit.		
testen (Hotels testen)	ich teste wir testen	du testest ihr testet	er/sie testet sie testen
tragen	ich trage wir tragen	du trägst ihr tragt	er/sie trägt sie tragen
umsteigen	ich steige um wir steigen um	du steigst um ihr steigt um	er/sie steigt um sie steigen um
umtauschen (die neuen Schuhe umtauschen)	ich tausche um wir tauschen um	du tauschst um ihr tauscht um	er/sie tauscht um sie tauschen um
zurückgeben (die neuen Schuhe zurückgeben)	ich gebe zurück wir geben zurück	du gibst zurück ihr gebt zurück	er/sie gibt zurück sie geben zurück

D3 **Evaluation**
Überprüfen Sie sich selbst.

Ich kann	gut	nicht so gut
Ich kann einfache Informationen über das Wetter verstehen und geben.	☐	☐
Ich kann die Monate und die Jahreszeiten nennen.	☐	☐
Ich kann Reiseziele angeben.	☐	☐
Ich kann wichtige Kleidungsstücke und Sachen für den Urlaub nennen.	☐	☐
Ich kann Kleidung einkaufen.	☐	☐
Ich kann wichtige Verkehrsmittel nennen.	☐	☐
Ich kann mich am Bahnhof informieren und Fahrkarten kaufen.	☐	☐
Ich kann Durchsagen am Bahnhof und Staumeldungen im Radio verstehen.	☐	☐
Ich kann über Urlaubserlebnisse mündlich und schriftlich berichten.	☐	☐
Ich kann einen einfachen Text über Preise im Urlaub verstehen. (fakultativ)	☐	☐

Wohnen

Kommunikation

- Eine Wohnung und die Lage beschreiben
- Wohnungsanzeigen lesen
- Gespräche mit einem Makler führen
- Über Möbel und die Wohnungseinrichtung sprechen
- Den Weg beschreiben
- Die Hausordnung lesen

Wortschatz

- Wohnung
- Wohnlage
- Umgebung der Wohnung
- Möbel
- Hausordnung

Eine Wohnung in der Stadt

A1 **Die Wohnung von Familie Röder**
Hören und lesen Sie den Text.

Hier wohnt Familie Röder. Frau Röder arbeitet an der Universität, Herr Röder arbeitet bei einer Bank. Familie Röder hat eine Wohnung in einem Mehrfamilienhaus in der Großstadt gemietet.

Die Wohnung ist direkt unter dem Dach. Für die Wohnung zahlt Familie Röder 1 100,– Euro Miete. Die Wohnung hat viele Zimmer.

Das ist das Esszimmer.
In der Mitte steht der Esstisch mit sechs Stühlen für Gäste.

Das ist das Wohnzimmer.
Hier sitzen Frau und Herr Röder abends auf dem Sofa oder im Sessel und hören Musik.

Das ist das Schlafzimmer.
Das Zimmer ist sehr ruhig. In ihrem Bett können Frau und Herr Röder gut schlafen.

Das ist der Flur mit vielen Türen zu den Zimmern.

Das ist die Küche.
Herr Röder ist ein Hobbykoch. Er kocht sehr gern, am liebsten bereitet er an seinem Herd ein Überraschungsmenü für Freunde zu.

Das ist das Bad. Es ist sehr groß und hat ein Fenster.

Das ist das Arbeitszimmer von Frau Röder mit einem großen Schreibtisch und dem Bücherregal.

A2 **Verschiedene Zimmer**

a) Wie wohnen Sie? Beantworten Sie die Fragen.

> Wohnzimmer ▪ Esszimmer ▪ Arbeitszimmer ▪ Kinderzimmer ▪ Schlafzimmer ▪ Gästezimmer ▪ Bad ▪ Flur ▪
> Küche ▪ Balkon ▪ Terrasse

- Wie viele Zimmer hat Ihre Wohnung?   ● Welches Zimmer ist Ihr Lieblingszimmer?
- Welche Zimmer sind das?   ● Was hat Ihre Wohnung noch?

b) Wie sind die Zimmer? Berichten Sie.

> groß ▪ klein ▪ hell ▪ dunkel ▪ laut ▪ ruhig ▪ warm ▪ kalt ▪ hoch ▪ niedrig

c) Welche Tätigkeiten passen zu welchen Zimmern? Bilden Sie Sätze.

> Musik hören ▪ duschen ▪ fernsehen ▪ mit Freunden essen ▪ den Mantel aufhängen ▪ ein Buch lesen ▪
> arbeiten ▪ Wäsche waschen ▪ im Internet surfen ▪ kochen ▪ ein Glas Wein trinken ▪ diskutieren ▪ schlafen ▪
> Zeitung lesen ▪ feiern ▪ (Gäste) übernachten

Im *(Wohnzimmer)* kann ich/können wir/kann man *(Musik hören)*.
In meinem Heimatland *(hört man oft im Wohnzimmer Musik)*.

A3 **Stadt oder Land**

a) Wo kann man wohnen? Lesen und hören Sie.

- Wo wohnen Sie?

b) Was passt zur Stadt, was passt zum Land? Lesen und hören Sie die Wörter. Ordnen Sie zu.

> **Hektik** ▪ **Ruhe** ▪ Lärm ▪ hohe Mieten ▪ niedrige Mieten ▪ viel Verkehr ▪ wenig Verkehr ▪ viele Parkplätze ▪
> keine Parkplätze ▪ öffentliche Verkehrsmittel ▪ viel Platz zum Wohnen ▪ wenig Platz zum Wohnen ▪
> lange Wege zur Arbeit ▪ kurze Wege zur Arbeit ▪ Tiere ▪ Garten ▪ tolle Aussicht ▪ Restaurants ▪ gute
> Einkaufsmöglichkeiten ▪ schlechte Einkaufsmöglichkeiten

Wohnen in der Stadt	Wohnen auf dem Land
Hektik, ...	*Ruhe,* ....
....	....
....	....
....	....
....	....

c) Was ist für Sie wichtig? Was stört Sie? Berichten Sie.

Ich mag …	Ich finde … sehr wichtig.	… brauche ich nicht.
Ich brauche …	… stört mich nicht.	… stört mich sehr.
Ich kann ohne … nicht leben.	Ich finde … nicht wichtig.	

A4 Wohnungsanzeigen

a) Sie suchen für Verwandte und Freunde eine Mietwohnung. Lesen Sie die Angebote und finden Sie für jeden eine Wohnung.

1. Für Lisa: Sie will ab September Biologie studieren.
2. Für Max und seine Frau: Max hat eine neue Stelle als Finanzberater bei einer Bank bekommen.
3. Für Ihre Schwester: Sie hat zwei Kinder und arbeitet als Lehrerin.

 WGLIM IHRE NEUE WOHNUNG

Helle 3-Zimmer-Wohnung ①
📍 Eisenbahnstraße

78 m², Bad, WC, Balkon, kinderfreundliche Umgebung, Innenhof mit Spielplatz, 507,– € Kaltmiete, Nebenkosten[1] 68,– €

Penthouse-Wohnung ④
📍 Rosenallee

4 Zimmer, 145 m², Gästebad, großer Balkon mit Blick über die Stadt, exklusives Wohnzimmer (55 m²), Tiefgarage, 1 450,– € + Nebenkosten

Zimmer in Wohngemeinschaft ②
📍 Berliner Straße

20 m², in Wohngemeinschaft an Studentin zu vermieten, gemeinsame Küchen- und Badbenutzung, Nähe Universität, Miete 235,– Euro + Nebenkosten

2-Zimmer-Wohnung ⑤
📍 Schillerstraße

Innenstadt, 49 m², WC mit Dusche, lebhafte Umgebung, 436,– € inklusive Nebenkosten

Renovierte Jugendstilvilla ③
📍 Waldstraße

5 Zimmer, 175 m², 2 Bäder, Garten 1 000 m², Stadtrand, ruhige Lage, Monatsmiete 2 000,– € inklusive Nebenkosten

Schönes Reihenhaus ⑥
📍 Gartenstraße

nur 45 Minuten vom Stadtzentrum entfernt, 4 Zimmer, 95 m², Bad, Garten 200 m², Garage, 850,– € + Nebenkosten

WGLIM • Friedrich-Ebert-Str. 63 • 04109 Leipzig • Tel. 0341 4267510 • Fax 0341 4267520 • E-Mail: info@wglim.de

[1] Nebenkosten: Kosten für Wasser, Heizung und Hausmüll

b) Beschreiben Sie die Wohnungen für Lisa, Max und Ihre Schwester.

Wie viele Zimmer hat die Wohnung?	Die Wohnung hat …
Was hat die Wohnung noch?	…
Wie viele Quadratmeter hat die Wohnung?	…
Was sind die Kosten pro Monat?	Die Gesamtkosten betragen … Die Miete beträgt … inklusive/ exklusive Nebenkosten. Die Wohnung kostet im Monat …
Wie ist die Lage?	Die Wohnung liegt … in der Innenstadt/im Zentrum in der Nähe der Universität am Stadtrand … von … entfernt
Gibt es Besonderheiten?	…

A5 **Ihre Wohnung**

a) Schreiben Sie eine Anzeige über Ihre eigene oder eine fiktive Wohnung.

b) Berichten Sie über die Wohnung.

Lokalangaben: wo? ⇨ Teil C Seite 187

Die Wohnung liegt

an dem Stadtrand	→ am Stadtrand
in dem Stadtzentrum	→ im Stadtzentrum
in dem Norden	→ im Norden
in dem Süden	→ im Süden
in dem Westen	→ im Westen
in dem Osten	→ im Osten
in der Stadtmitte/Innenstadt	
auf dem Land	

an – in – auf + Dativ:

	Singular		
	maskulin	feminin	neutral
Dativ	an dem (am) Stadtrand	in der Innenstadt	auf dem Land

A6 **Andrea sucht eine Wohnung.**

Bei einer Immobilienmaklerin hat sie folgendes Formular ausgefüllt.
Lesen Sie das Formular.

IMMOBILIENMAKLERBÜRO **KNAUP**

Fragen zur Person

Name	Holzbein	Vorname	Andrea
Geburtsdatum	8. Mai 1978	Geschlecht (männlich/weiblich)	weiblich
Geburtsort	Zwenkau	Nationalität	deutsch
Arbeitgeber	BMW	Monatliches Einkommen	2900,– Euro

Fragen zur Wohnung

Anzahl Zimmer	2 bis 3	Größe in m²	50 bis 90
Maximale Miete	900,– Euro inkl. NK	Etage	nicht Erdgeschoss
Lage (Stadtmitte/Osten/Norden/Süden/ Westen/Stadtrand)	Stadtmitte/Osten	Ausstattung (Bad/WC extra/Balkon/Fußboden- heizung)	Bad, Balkon

A7 **Informationen über Andrea**

Welche Informationen stehen in dem Formular? Berichten Sie.

Wo arbeitet Andrea?	Andrea …
Wie viel verdient Andrea?	Sie verdient … im Monat.
	Ihr Einkommen beträgt … im Monat.
Was für eine Wohnung möchte Andrea?	Sie möchte eine …
	Die Wohnung soll … groß sein und … liegen.
	Sie möchte nicht … wohnen.
	Andrea kann nur maximal … Miete bezahlen.
	Die Wohnung muss … haben.

A8 **Häuser und ihre Umgebung**

a) Lesen und hören Sie die Wörter.

2.33

> das Fenster ▪ die Wand ▪ der Keller ▪ das Dach ▪ die Treppe ▪ die Wohnungstür ▪ das Erdgeschoss ▪ der
> Fahrstuhl ▪ die erste/zweite … Etage ▪ der Schornstein ▪ der Balkon ▪ der Spielplatz ▪ das Dachfenster ▪
> die Klingel ▪ die Haustür ▪ der Fußweg ▪ die Straße ▪ der Parkplatz ▪ die Bewohnerin/der Bewohner ▪
> die Grünanlage ▪ die Bushaltestelle ▪ die Blumenkästen ▪ der Bürgersteig

b) Schreiben Sie die Wörter in die Kästchen und zeichnen Sie Pfeile zu den Gegenständen.

A9 Wo kann/muss man …?
Ordnen Sie das passende Nomen aus A8 zu.

- Dort kann man sein Auto parken.   *der Parkplatz*
1. Damit kann man in die dritte Etage fahren. ....
2. Dort kann man in der Sonne sitzen oder andere Menschen beobachten. ....
3. Das kann man aufmachen. Dann kommt frische Luft ins Zimmer. ....
4. Dort können die Kinder spielen. ....
5. Das muss man öffnen. Dann kann man in die Wohnung gehen. ....
6. Dort wartet man auf den Bus. ....
7. Dort fahren Autos. ....
8. Dort kann man sehr gut Weinflaschen lagern. ....

A10 Wohnungsangebote
Hören Sie ein Telefongespräch mit der Immobilienmaklerin. Ergänzen Sie die Informationen.

2.34

Wohnung in der:	Beethovenstraße		Goldschmiedstraße		Sternstraße	
Anzahl der Zimmer	2		………..		………..	
Die Wohnung hat:	ja	nein	ja	nein	ja	nein
ein Bad	☐	☐	☐	☐	☐	☐
einen Balkon	☐	☐	☐	☐	☐	☐
einen Garten	☐	☐	☐	☐	☐	☐
Lage	*im Osten*		*im* ………………..		*am Stadtrand*	
Etage	*Erdgeschoss*		……….. *Etage*		……….. *Etage*	
Miete (ohne Nebenkosten)	……………………………….		*900 Euro*		……………………………….	
Miete (mit Nebenkosten)	……………………………….		……………………………….		……………………………….	
Besonderheiten	*helles Wohnzimmer*		…………… *Wohnzimmer*		*großer* ………………..	

A11 Textarbeit
Ergänzen Sie die Verben aus dem Hörtext.

haben (2×) ▪ sein (3×) ▪ warten ▪ möchte(n) ▪ betragen ▪ besichtigen ▪ gefallen ▪ kosten ▪ liegen ▪ anrufen

- In der Goldschmiedstraße *ist* eine Wohnung frei.
1. Sie ………… ein großes Bad und ein sehr schönes helles Wohnzimmer.
2. Die Wohnung ………… wirklich traumhaft!
3. Sie können die Wohnung morgen ……………………..
4. Wie hoch ………… die Miete?
5. Die Wohnung ……………… 900 Euro ohne Nebenkosten.
6. Die Gesamtmiete ……………….. 1100 Euro.
7. Die Wohnung hat drei Zimmer und ……………….. im Zentrum.
8. Ich ……………….. keine Kinder und ich ……………….. nicht am Stadtrand wohnen.
9. Mir ……………….. die Wohnung nicht.
10. Ich ……………….. lieber auf ein anderes Angebot.
11. Ich ……………….. Sie wieder ………….

A12 **Einen Termin mit der Maklerin vereinbaren**
Hören und lesen Sie den Dialog.

Frau Holzbein:	Hier Holzbein.
Frau Knaup:	Guten Tag, Frau Holzbein. Sabine Knaup hier. Ich habe jetzt die richtige Wohnung für Sie. Eine Drei-Zimmer-Wohnung in der Marienstraße 56, zweite Etage, für 800 Euro inklusive Nebenkosten. Sie hat einen schönen Balkon, ein großes Wohnzimmer und ein Bad.
Frau Holzbein:	Wo ist die Marienstraße?
Frau Knaup:	Im Osten. 15 Minuten vom Bahnhof entfernt.
Frau Holzbein:	15 Minuten zu Fuß?
Frau Knaup:	Nein, mit der Straßenbahn.
Frau Holzbein:	Gibt es in der Nähe gute Einkaufsmöglichkeiten?
Frau Knaup:	Ja, die Einkaufsmöglichkeiten sind sehr gut. Die Wohnung ist billiger als die Wohnung in der Goldschmiedstraße und größer als die Wohnung in der Beethovenstraße. Es ist die richtige Wohnung für Sie … Möchten Sie die Wohnung besichtigen?
Frau Holzbein:	Ja, gerne.
Frau Knaup:	Wann haben Sie Zeit?
Frau Holzbein:	Morgen Nachmittag, passt es Ihnen um 15.00 Uhr?
Frau Knaup:	Oh, das tut mir leid, 15.00 Uhr habe ich schon einen Termin. Geht es auch 16.00 Uhr?
Frau Holzbein:	Ja, 16.00 Uhr passt mir auch.
Frau Knaup:	Gut, dann erwarte ich Sie morgen um 16.00 Uhr in der Marienstraße.

> **Einen Termin vereinbaren**
>
> Wann haben Sie Zeit?
> Geht es am … um …?
> Passt es Ihnen am … um …?

A13 **Noch ein Angebot**
a) Frau Knaup hat noch eine Wohnung für Andrea. Übernehmen Sie die Rolle von Frau Holzbein.

Frau Holzbein:	....
Frau Knaup:	Guten Tag, Frau Holzbein. Sabine Knaup hier, Immobilienagentur *Schöner Wohnen*. Ich habe eine Wohnung für Sie. Sie ist in der ersten Etage, hat zwei Zimmer, einen Balkon und ein Bad.
Frau Holzbein:	....
Frau Knaup:	Im Stadtzentrum, in der Sonnenstraße.
Frau Holzbein:	....
Frau Knaup:	Sie kostet 650 Euro im Monat.
Frau Holzbein:	....
Frau Knaup:	Nein, die Miete ist ohne Nebenkosten. Die Nebenkosten betragen 150 Euro.
Frau Holzbein:	....
Frau Knaup:	Das Wohnzimmer ist sehr groß. Es hat ungefähr 50 m².
Frau Holzbein:	....
Frau Knaup:	Es gibt in der Nähe einen Supermarkt.
Frau Holzbein:	....
Frau Knaup:	Natürlich. Haben Sie morgen Zeit?
Frau Holzbein:	....
Frau Knaup:	Gut, dann erwarte ich Sie morgen um 14.00 Uhr in der Sonnenstraße.

b) Spielen Sie nach Beispiel a) kurze Dialoge zwischen einem Wohnungssuchenden und einem Makler.

c) Sie besichtigen morgen die Wohnung in der Sonnenstraße. Schicken Sie einer Freundin/einem Freund eine Nachricht mit den folgenden Informationen:

- Wann besichtigen Sie die Wohnung?
- Warum gefällt Ihnen diese Wohnung? (2 Punkte)
- Sie möchten mit der Freundin/dem Freund nach dem Wohnungsbesuch einen Kaffee trinken.

Komparation der Adjektive	⇨ Teil C Seite 192
	Komparativ
Die Wohnung ist billig.	Diese Wohnung ist billiger als die Wohnung in der Goldschmiedstraße.
Die Wohnung ist groß.	Diese Wohnung ist größer als die Wohnung in der Beethovenstraße.
Sonderform: gut → besser	Diese Wohnung gefällt mir besser.

A14 Zwei Wohnungen
Vergleichen Sie die Wohnungen. Bilden Sie den Komparativ.

	Augustusstraße	**Wintergartenstraße**
■ Bad – klein	*Das Bad in der A.–Str. ist klein.*	*Das Bad in der W.–Str. ist noch kleiner.*
1. Wohnzimmer – groß	....	....
2. Küchenmöbel – modern	....	....
3. Gästezimmer – hell	....	....
4. Schlafzimmer – ruhig	....	....
5. Arbeitszimmer – schön	....	....
6. Aussicht – gut	....	....

A15 Phonetik: *h*-Laut [h] und Dehnungslaut
a) Hören und wiederholen Sie.

2.36

Haus *h*-Laut – Diesen Laut hört man.	Wohnung (Dehnungslaut) – Diesen Laut hört man nicht.
Haus – haben – Hobby – helfen – hoch – hallo – Hauptbahnhof – Hotel – heiß – hell – Heimatland – Honig – Hochhaus – zuhören – Mehrfamilienhaus – abholen	wohnen – Frühstück – Wohnung – Hauptbahnhof – Mehrfamilienhaus – Stühle – Zahl Schuh – früh

Haben Sie ein Hobby?
Hast du eine helle Wohnung?
Das Hotel ist neben dem Hauptbahnhof.
Ist das Haus hoch? – Natürlich, es ist ein Hochhaus.
Können Sie mir helfen?
Es gibt heißen Tee mit Honig.

b) Markieren Sie. Welches *h* hört man?

- Wie viele Stühle hast du in deiner Wohnung?
- Wohnst du in diesem Mehrfamilienhaus?
- Trinkst du zum Frühstück immer Tee mit Honig?

- Kannst du die Stühle in dem Geschäft abholen?
- Wie komme ich zum Hauptbahnhof?

Die Wohnungseinrichtung

A16 **Möbel und andere Gegenstände**
a) Lesen und hören Sie die Wörter.

das Sofa/die Couch ▪ das Schlafsofa ▪ der Sessel ▪ die Blumenvase ▪ das Bett ▪ die Stehlampe ▪ der Hocker ▪ der Couchtisch ▪ der Teppich ▪ die Gardine ▪ der Kleiderschrank ▪ das Bücherregal ▪ der Stuhl ▪ der Tisch ▪ die Kommode ▪ die Garderobe

b) Welche Gegenstände/Möbel haben Sie in Ihrer Wohnung? Berichten Sie.

Ich habe in meiner Wohnung ein Sofa …

A17 **Wo ist was?**
Beschreiben Sie die Bilder.

im

Die Flasche steht *im Kühlschrank.*

auf

Die Bücher liegen ....

an

Das Bild hängt ....

über

Die Lampe hängt ....

neben

Die Maus sitzt ....

unter

Die Katze liegt ....

zwischen

Die Maus sitzt ....

hinter

Das Mädchen steht ....

vor

Die Maus sitzt ....

⇨ Teil C Seite 187

Lokalangaben: wo?

Wo?   in – auf – an – über – neben – unter – zwischen – hinter – vor + Dativ

Singular: Die Bücher liegen auf dem Tisch.
Das Bild hängt an der Wand.
Die Katze liegt unter dem Sofa.

Plural: Die Maus sitzt zwischen den Flaschen.
Der kleine Tisch steht zwischen den Stühlen.

A18 **Lokalangaben**

a) Was steht/hängt wo? Beschreiben Sie das Foto in A16 und bilden Sie Sätze.

■   der Stuhl – das Sofa – stehen   *Der Stuhl steht neben dem Sofa.*

1. die Gardinen – das Fenster – hängen   ....

2. der Tisch – das Sofa – stehen   ....

3. das Bild – die Wand – hängen   ....

4. die Vase – das Regal – stehen   ....

5. der Kleiderschrank – das Bett – stehen ....

6. die Blumenvase – der Tisch – stehen   ....

7. der Hocker – der Sessel – stehen   ....

b) Beschreiben Sie das Büro von Erika Blum. Ergänzen Sie die Sätze.

1. Die Ordner stehen ....
....

2. Die Stifte liegen ....
....

3. Die Kaffeemaschine ....
....

4. Der Drucker ....
....

5. Der Bürostuhl ....
....

6. Der Kalender ....
....

7. Der Tennisschläger und die Tennisbälle ....
....

8. Der Laptop ....

9. Die Brille ....

10. Das Telefon ....

A19 **Wo stehen diese Gegenstände?**
Beschreiben Sie Ihre Wohnung.

das Bett ▪ das Sofa ▪ der Sessel ▪ der Teppich ▪ das Bild ▪ der Kleiderschrank ▪ das Regal ▪ der Schreibtisch ▪
das Telefon ▪ der Fernseher ▪ die Stereoanlage ▪ der Esstisch ▪ der Kühlschrank ▪ die Kaffeemaschine ...

Mein Bett steht im Schlafzimmer an der Wand ...

A20 **Wo oder wohin?**

Marie ist unzufrieden. Sie will ihre Wohnung umräumen. Formulieren Sie Sätze wie im Beispiel.

Wo stehen/hängen/liegen die Gegenstände?

Wohin stellt/hängt/legt Marie die Gegenstände?

wo? + Dativ	wohin? + Akkusativ
➝ Verben: stehen/hängen/liegen	➝ Verben: stellen/hängen/legen

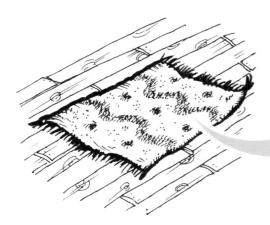 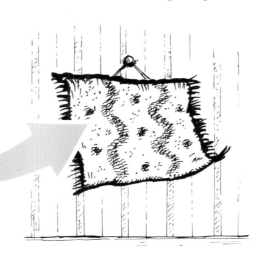

■ Der Teppich liegt *(auf, Fußboden)*.
Der Teppich liegt *auf dem Fußboden.*

Marie hängt *(an, Wand)*.
Marie hängt *ihn an die Wand.*

1. Die Stehlampe steht *(neben, Bett)*.

Marie stellt *(neben, Sofa)*.

2. Die Zeitung liegt *(auf, Küchentisch)*.

Marie legt *(auf, Fußboden)*.

3. Der Spiegel hängt *(in, Bad)*.

Marie hängt *(in, Flur)*.

4. Das Telefon steht *(in, Wohnzimmer)*.

Marie stellt *(neben, Bett)*.

5. Der Sessel steht *(neben, Fenster)*.

Marie stellt *(vor, Fernseher)*.

6. Das neue Kleid liegt *(auf, Bett)*.

Marie hängt *(in, Schrank)*.

7. Das Bild hängt *(über, Sofa)*.

Marie hängt *(über, Schreibtisch)*.

8. Der Blumentopf steht *(neben, Tür)*.

Marie stellt *(vor, Fenster)*.

9. Der Hocker steht *(neben, Sofa)*.

Marie stellt *(vor, Sessel)*.

10. Der Kühlschrank steht *(in, Küche)*.

Marie stellt *(in, Wohnzimmer)*.

11. Der Computer steht *(auf, Schreibtisch)*.

Marie stellt *(auf, Kommode)*.

Lokalangaben: wohin?

⇨ Teil C Seite 188

> Wohin? in – auf – an – über – neben – unter – zwischen – hinter – vor + Akkusativ
>
> Ich stelle die Flasche in den Kühlschrank.
> Ich lege den Brief auf den Tisch.
> Ich hänge das Bild an die Wand.

A21 Wohin?
Ergänzen Sie den bestimmten Artikel im Akkusativ.

- ■ Ich hänge das Kleid in *den* Schrank.

1. Bitte setzt euch doch auf .... Sofa.

2. Ich stelle die Blumen gleich in .... Vase.

3. Legst du die Bücher bitte auf .... Schreibtisch?

4. Warum hast du das schöne Bild in .... Küche gehängt?

5. Stellt ihr das Geschirr bitte in .... Geschirrspüler?

6. Hast du das Auto in .... Garage gefahren?

7. Ich lege meinen Stift immer neben .... Computer.

8. Stell den kleinen Tisch bitte zwischen .... Stühle.

9. Bitte setz dich auf .... blauen Stuhl.

10. Kommst du mit in .... Garten?

11. Nein, ich gehe in .... Keller.

12. Du musst die Milch in .... Kühlschrank stellen.

13. Kannst du die Lampe bitte neben .... Bett stellen?

14. Ich lege die Konzertkarten auf .... Kommode.

A22 Wegbeschreibung
Hören und lesen Sie den Dialog.

Frau Holzbein:	Ja, Andrea Holzbein hier. Guten Tag, Frau Knaup. Wir haben heute 14.00 Uhr einen Termin in der Sonnenstraße. Wie komme ich dorthin?
Frau Knaup:	Wo sind Sie jetzt, Frau Holzbein?
Frau Holzbein:	Am Hauptbahnhof.
Frau Knaup:	Ah, am Hauptbahnhof. Das ist nicht weit. Sind Sie mit dem Auto?
Frau Holzbein:	Nein, ich bin zu Fuß. Ich stehe vor dem Haupteingang.
Frau Knaup:	Gut. Gehen Sie ca. 100 Meter nach links. Dann kommt eine große Kreuzung. An der Kreuzung gehen Sie nach rechts bis zur zweiten Querstraße. An der zweiten Querstraße gehen Sie wieder nach links. Das ist die Sonnenstraße.
Frau Holzbein:	Das ist wirklich nicht weit.
Frau Knaup:	Nein, in fünf Minuten sind Sie da.
Frau Holzbein:	Danke schön.

In der Stadt

a) Kennen Sie den Stadtplan aus Kapitel 3 noch? Lesen Sie die Wörter laut.

der Bahnhof ▪ das Café
das Museum ▪ das Theater ▪
die Oper ▪ das Kino ▪
das Hotel ▪ die Post ▪
das Rathaus ▪
das Restaurant ▪
der Parkplatz ▪ die Bank ▪
die Universität ▪
die Touristeninformation ▪
die Apotheke ▪
der Supermarkt

b) Erklären Sie
verschiedene Wege.
Spielen Sie Dialoge.

Gibt es hier *(eine Apotheke)*?
Wie komme ich dorthin?
Gehen Sie …/Fahren Sie … geradeaus.
nach links/nach rechts.
bis zur … Straße.
bis zur Hauptstraße.
bis zur ersten/zweiten Querstraße.

Dort müssen Sie rechts/links abbiegen. Dann kommt eine Kreuzung/eine Ampel/ein Kreisverkehr.
An der Kreuzung/An der Ampel/Im Kreisverkehr gehen/fahren Sie *(links/rechts/geradeaus)*.
(Die Apotheke) ist neben/hinter/vor *(dem Museum)*.

 Sie haben Post!

Lesen Sie die E-Mail von Karl.

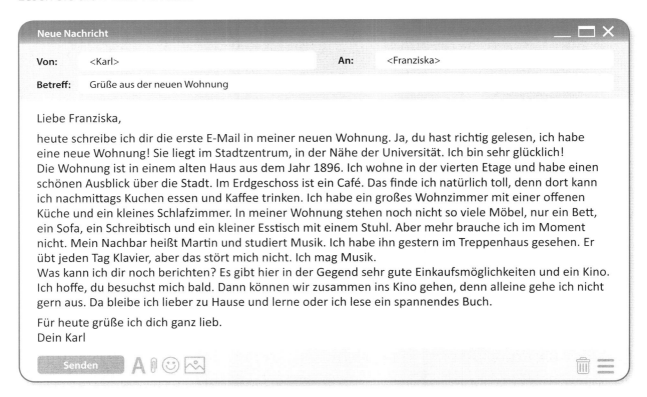

Neue Nachricht

Von: <Karl>   **An:** <Franziska>

Betreff: Grüße aus der neuen Wohnung

Liebe Franziska,

heute schreibe ich dir die erste E-Mail in meiner neuen Wohnung. Ja, du hast richtig gelesen, ich habe
eine neue Wohnung! Sie liegt im Stadtzentrum, in der Nähe der Universität. Ich bin sehr glücklich!
Die Wohnung ist in einem alten Haus aus dem Jahr 1896. Ich wohne in der vierten Etage und habe einen
schönen Ausblick über die Stadt. Im Erdgeschoss ist ein Café. Das finde ich natürlich toll, denn dort kann
ich nachmittags Kuchen essen und Kaffee trinken. Ich habe ein großes Wohnzimmer mit einer offenen
Küche und ein kleines Schlafzimmer. In meiner Wohnung stehen noch nicht so viele Möbel, nur ein Bett,
ein Sofa, ein Schreibtisch und ein kleiner Esstisch mit einem Stuhl. Aber mehr brauche ich im Moment
nicht. Mein Nachbar heißt Martin und studiert Musik. Ich habe ihn gestern im Treppenhaus gesehen. Er
übt jeden Tag Klavier, aber das stört mich nicht. Ich mag Musik.
Was kann ich dir noch berichten? Es gibt hier in der Gegend sehr gute Einkaufsmöglichkeiten und ein Kino.
Ich hoffe, du besuchst mich bald. Dann können wir zusammen ins Kino gehen, denn alleine gehe ich nicht
gern aus. Da bleibe ich lieber zu Hause und lerne oder ich lese ein spannendes Buch.

Für heute grüße ich dich ganz lieb.
Dein Karl

Senden

A25 Textarbeit
Kreuzen Sie an.

	richtig	falsch
1. Karl wohnt in einer neuen Wohnung.	☐	☐
2. Seine Wohnung liegt im Erdgeschoss neben dem Café.	☐	☐
3. Er braucht keine neuen Möbel.	☐	☐
4. Sein Nachbar spielt sehr laut Klavier. Man hört es im Treppenhaus.	☐	☐
5. Karl will mit seinem Nachbarn ins Kino gehen.	☐	☐

A26 E-Mails
a) Antworten Sie auf die E-Mail von Karl.

Sie möchten ihn gerne besuchen.
Sie haben auch eine neue Wohnung. Berichten Sie darüber.

Anrede: *Lieber Karl, ...*
Schluss: *Liebe Grüße ...*

b) Im September beginnt Ihr Studium in Berlin.
   Schreiben Sie eine E-Mail an das Wohnungsbüro für Studenten.
   Hilfe finden Sie auf Seite 190.

Fragen Sie nach Wohnungsmöglichkeiten, Preisen und Lage.

Anrede: *Sehr geehrte Damen und Herren, ...*
Schluss: *Mit freundlichen Grüßen ...*

Die Hausordnung

A27 Hausordnung
In Deutschland gibt es in vielen Häusern eine Hausordnung.
Lesen Sie ein Beispiel. (Nicht alle Hausordnungen sind gleich.)
Was steht bei den Regeln im Mittelpunkt? Ordnen Sie zu.

	Nachbarn	Sicherheit	Sauberkeit
Alle Mieter müssen die Mittagsruhe (von 13 bis 15 Uhr) und die Nachtruhe (von 22 bis 6 Uhr) respektieren.	☒	☐	☐
1. Auch tagsüber darf man in der Wohnung und im Haus keinen Lärm machen.	☐	☐	☐
2. Musik darf man nicht laut hören.	☐	☐	☐
3. Kinder dürfen auf dem Spielplatz im Hof spielen.	☐	☐	☐
4. Ihre Eltern müssen den Spielplatz sauber halten.	☐	☐	☐
5. Im Keller oder in der Tiefgarage dürfen die Kinder nicht spielen.	☐	☐	☐
6. Haustüren und Hoftüren muss man von 22 bis 6 Uhr abschließen.	☐	☐	☐
7. Auf dem Balkon darf man nicht grillen.	☐	☐	☐
8. Die Mieter müssen die Treppen und Fenster im Haus reinigen.	☐	☐	☐
9. Autos und Motorräder darf man im Hof nicht waschen oder reparieren.	☐	☐	☐
10. Die Mieter dürfen keine Haustiere halten.	☐	☐	☐

A28 **Textarbeit**
Berichten Sie.

- Was dürfen die Mieter in diesem Haus machen?
  Die Mieter dürfen .../Man darf ...
- Was dürfen die Mieter in diesem Haus nicht machen?
- Was müssen die Mieter machen?

dürfen		⇨ Teil C Seite 191
Singular	ich	darf
	du	darfst
	er/sie/es	darf
Plural	wir	dürfen
	ihr	dürft
	sie	dürfen
formell	Sie	dürfen

A29 **Die Hausordnung in Ihrem Haus**
Berichten Sie.

- Gibt es solche Regeln auch in Ihrem Haus?
- Was darf man dort?
- Was darf man nicht?

A30 **Verbote in einem Krankenhaus**
Was darf man hier nicht? Spielen Sie kleine Dialoge.

Eis essen

Hund mitbringen

rauchen

Handy benutzen

- ■ Entschuldigung! Hier dürfen Sie nicht/kein …
  - □ Es tut mir leid. Ich habe das Schild nicht gesehen.

A31 **Erlaubt oder verboten**
Bilden Sie Sätze mit *dürfen*. Achten Sie auf den Satzbau.

■ man – rauchen – hier – dürfen?   *Darf man hier rauchen?*

1. die Kinder – im Hof – Fußball spielen – dürfen? ....

2. Martin – keinen Alkohol – trinken – dürfen ....

3. ich – das Fenster – öffnen – dürfen? ....

4. wir – unseren Hund – mitbringen – dürfen? ....

5. Susanne – noch nicht – Auto fahren – dürfen ....

6. die Mieter – keine laute Musik – hören – dürfen ....

A32 **Telefongespräche**
Spielen Sie Telefongespräche.

Sie möchten eine Wohnung oder ein Haus mieten.
Benutzen Sie die Wohnungsangebote aus A4 oder erfinden Sie etwas.
Rufen Sie den Makler an und fragen Sie nach folgenden Informationen:

- Größe, Lage, Miete, Nebenkosten, Garage
- Umgebung: Einkaufsmöglichkeiten, Spielplatz,
  Restaurants in der Nähe, Verkehrsmittel
- Hausordnung (Haustiere usw.)
- Termin für die Wohnungsbesichtigung, weitere Details

Wissenswertes *(fakultativ)*

B1 **Wohnen in Zahlen**
Hören und lesen Sie den Text.

Wohnen im Vergleich

Allein oder zusammen?

In Deutschland gibt es etwa 41 Millionen Haushalte. Ungefähr 41,5% dieser Haushalte sind Einpersonenhaushalte, das heißt, in der
5 Wohnung lebt nur eine Person. In einigen Großstädten liegt der Anteil der allein lebenden Menschen bei 54%.

Im Vergleich mit anderen Ländern liegt Deutschland nicht an der Spitze. Vor allem
10 im Norden von Europa gibt es viele Single-Wohnungen. Platz eins belegt Schweden mit 52%. Hier ist der Single-Haushalt die

häufigste Wohnform. In der Schweiz wohnen 35% der Menschen allein, in südlichen euro-
15 päischen Ländern wie Malta oder Portugal nur 20%.

Stadt oder Land?

Ungefähr 31% der Deutschen leben in Großstädten, 27% in größeren Städten (20 000
20 bis 100 000 Einwohner). Weitere 27% sind in Kleinstädten (5 000 bis 20 000 Einwohner) zu Hause und 15% wohnen in Dörfern.

Eigentum oder Miete?

Beim Thema Wohneigentum liegen die
25 deutschsprachigen Länder in Europa auf den letzten Plätzen. Die Schweiz ist mit 41% Wohneigentum das Schlusslicht. In Deutschland lebt ungefähr die Hälfte der Bevölkerung in den eigenen vier Wänden, in Österreich sind
30 es 55%. Das bedeutet, sehr viele Menschen bezahlen jeden Monat Miete.

„Mieten" hat in den deutschsprachigen Ländern, vor allem in den Großstädten, eine lange Tradition. In Basel liegt der Anteil der Miet-
35 wohnungen bei 83%, in Genf sind es 81%. Auf Platz 3 folgt Wien mit 75% Mietwohnungen.

In Wien bezahlt man durchschnittlich 9,60 Euro pro Quadratmeter Miete, in Madrid kostet ein Quadratmeter 15,50, in Paris 26 Euro Miete.
40 In der österreichischen Hauptstadt sind die Mietpreise also viel niedriger als in anderen Hauptstädten.

B2 **Informationen im Text**
Kreuzen Sie an.

	richtig	falsch
1. In Schweden wohnt über die Hälfte der Menschen allein.	☐	☐
2. Im Süden von Europa wohnen die meisten Menschen in Single-Wohnungen.	☐	☐
3. Die meisten Deutschen wohnen in einer ländlichen Umgebung: in Kleinstädten oder Dörfern.	☐	☐
4. Die Schweiz liegt beim Wohneigentum an letzter Stelle in Europa.	☐	☐
5. In Wien kann man preiswerter wohnen als in Madrid oder Paris.	☐	☐

B3 **Textarbeit: Synonyme**

a) Welche Wörter/Wendungen haben synonyme Bedeutung? Ordnen Sie zu.

> Singles ▪ **ungefähr** ▪ das bedeutet ▪ Platz eins belegen ▪ auf dem letzten Platz liegen ▪ 50 %

■ etwa   *ungefähr*

1. allein lebende Menschen   ....

2. an der Spitze liegen   ....

3. das Schlusslicht sein   ....

4. das heißt   ....

5. die Hälfte   ....

b) Ergänzen Sie.

> allein lebende Menschen ▪ An der Spitze ▪ das Schlusslicht ▪ das heißt ▪ die Hälfte ▪ etwa

1. In Deutschland gibt es .... 41 Millionen Haushalte.

2. Viele Menschen wohnen in Single-Wohnungen, ...,
   in der Wohnung lebt nur eine Person.

3. In einigen Großstädten gibt es sehr viele ....

4. .... liegt Schweden mit durchschnittlich 52 Prozent Single-Wohnungen.

5. In Deutschland lebt ungefähr .... der Bevölkerung in den eigenen vier Wänden.

6. Beim Wohnungseigentum ist die Schweiz ....

B4 **Wohnen in Ihrem Heimatland**

Beantworten Sie die Fragen und berichten Sie.

1. Wo wohnen die Menschen?

> in Großstädten ▪ in Kleinstädten ▪ auf dem Land ▪ in Einfamilienhäusern ▪ in Mehrfamilienhäusern ▪
> in Hochhäusern …

2. Wer wohnt in der Regel in einer Wohnung?

> kleine Familien ▪ große Familien: Großeltern/Eltern/Kinder … ▪ nur eine Person

3. Kauft man oder mietet man eine Wohnung?
   Wie viel bezahlt man ungefähr für eine Wohnung oder ein Haus?

Lokalangaben

Lokalangaben: wo? + Dativ

Die Wohnung liegt im Stadtzentrum.
Ich sitze im Wohnzimmer. } → wo? + Dativ

Die Nomengruppe im Dativ

	Singular					Plural	
	maskulin		feminin		neutral		
Nominativ	der	Tisch	die	Wand	das	Sofa	die	Stühle
Akkusativ	den	Tisch						
Dativ	de**m**	Tisch	de**r**	Wand	de**m**	Sofa	de**n**	Stühle**n**
	eine**m**	Tisch	eine**r**	Wand	eine**m**	Sofa		
	de**m**	großen Tisch	de**r**	weißen Wand	de**m**	neuen Sofa	de**n**	großen Stühle**n**

Adjektive enden im Dativ immer auf *-en*.

C1 **Was kann man wo? Beantworten Sie die Fragen.**

Kurzform: **in dem = im**

das Arbeitszimmer ▪ das Bad ▪ die Garage ▪ das Gästezimmer ▪
die Küche ▪ der Garten

■ Wo arbeitet man?   *Im Arbeitszimmer.*
1. Wo kocht man?   ....
2. Wo kann man im Sommer ein Buch lesen und in der Sonne liegen?   ....
3. Wo steht das Auto oder das Fahrrad?   ....
4. Wo badet oder duscht man?   ....
5. Wo schlafen die Gäste?   ....

C2 **Wo ist die Maus? Ergänzen Sie die Präposition und den Artikel.**

in ▪ auf ▪ unter ▪ zwischen ▪ vor ▪ hinter ▪ neben

Die Maus ist ...

■ *im* Kleiderschrank. (Möglich ist auch: *unter dem, vor dem, hinter dem, neben dem, auf dem* Kleiderschrank)

1. .... Teppich		10. .... Handtasche
2. .... Büchern		11. .... Kommode
3. .... Sessel		12. .... Mikrowelle
4. .... Hocker		13. .... Fernseher
5. .... Keller		14. .... Computermaus
6. .... Garten		15. .... Vogelkäfig
7. .... Küche		16. .... Gardinen
8. .... Kühlschrank		17. .... Bett
9. .... Karton		18. .... Regal

C3 Wo kann man wohnen? Bilden Sie Sätze mit *in, im* und *am*.

- Frau Hermann wohnt *(eine Wohnung)*. Frau Hermann wohnt *in einer Wohnung.*
1. Meine Eltern wohnen *(ein Einfamilienhaus)*. ....
2. Maximilian wohnt *(das Stadtzentrum)*. ....
3. Familie Klein wohnt *(der Stadtrand)*. ....
4. Kerstin wohnt *(die Nähe vom Bahnhof)*. ....
5. Petra wohnt *(der Osten von Frankfurt)*. ....
6. Angela wohnt *(eine Villa, die 2. Etage)*. ....

Lokalangaben: Wechselpräpositionen

in – auf – an – über – neben – unter – zwischen – hinter – vor

wo? → Dativ

Die Flasche steht im (in dem) Kühlschrank.
Der Brief liegt auf dem Tisch. *(horizontal)*
Das Bild hängt an der Wand. *(vertikal)*

Kurzformen: in dem = im
an dem = am

wohin? → Akkusativ

Ich stelle die Flasche in den Kühlschrank.
Ich lege den Brief auf den Tisch.
Ich hänge das Bild an die Wand.

Kurzformen: in das = ins
an das = ans

C4 Wo oder wohin? Bilden Sie Sätze wie im Beispiel.

		Wo stehen die Gegenstände?	Wohin stellt sie Johann?
■	in	der Stuhl – das Wohnzimmer *Der Stuhl steht im Wohnzimmer.*	das Schlafzimmer *Johann stellt ihn ins Schlafzimmer.*
1.	auf	die Vase – der Tisch Die Vase steht *auf*	der Schrank Johann stellt sie *auf* ....
2.	in	das Bett – das Schlafzimmer Das Bett steht	das Gästezimmer Johann stellt ....
3.	in	der Bücherschrank – das Arbeitszimmer Der Bücherschrank	der Flur Johann ....
4.	in	der Tisch – das Esszimmer	die Küche ....
5.	auf	die Pflanze – der Fußboden	der Schreibtisch ....
6.	an	der Sessel – das Fenster	die Wand ....
7.	auf	der Computer – der Schreibtisch	der Sofatisch ....
8.	in	die Weinflasche – der Keller	das Wohnzimmer ....
9.	an	der Ordner – der Schrank	das Bücherregal ....

C5 Beantworten Sie die Fragen. Achten Sie auf das Fragewort.

- Wo hängt die Lampe? *(an, Wand)*   *Die Lampe hängt an der Wand.*
- Wohin geht Martin? *(in, Kino)*   *Martin geht in das/ins Kino.*

1. Wo wohnt Gisela? *(in, Stadtzentrum)* ....

2. Wo steht das Bier? *(in, Kühlschrank)* ....

3. Wohin stellen wir das Bücherregal? *(in, Arbeitszimmer)* ....

4. Wo wart ihr gestern Abend? *(in, Restaurant)* ....

5. Wohin hängen wir das Bild? *(über, Sofa)* ....

6. Wo liegt der Brief? *(auf, Schreibtisch)* ....

7. Wo sind die Dokumente? *(in, Schrank)* ....

8. Wohin gehst du? *(in, Büro)* ....

9. Wohin legen wir das hässliche Geschenk? *(unter, Bett)* ....

10. Wo sind die Tennisschläger? *(noch, in, Auto)* ....

Verben

C6 Ergänzen Sie die Verben.

- Im Schlafzimmer *schläft* man. *(schlafen)*

1. Im Esszimmer .... man. *(essen)*

2. Im Wohnzimmer .... man oder man .... dort .... *(lesen, fernsehen)*

3. Im Kinderzimmer .... und .... die Kinder. *(schlafen, spielen)*

4. Auf dem Balkon .... viele Leute gern und .... die Sonne. *(sitzen, genießen)*

5. Im Keller .... man oft Wein, alte Möbel oder altes Spielzeug. *(haben)*

C7 Ergänzen Sie die Verben.

> betragen ▪ bezahlen ▪ einrichten ▪ haben (2×) ▪ geben (2×) ▪ kosten ▪ liegen ▪ sein ▪ wohnen ▪ spielen

- Sie *ist* 137 Quadratmeter groß.

1. Diese Wohnung .... in der Augustusstraße.

2. Sie .... 1 001 Euro Kaltmiete,
   die Gesamtkosten .... 1 247 Euro.

3. Man muss die Miete am Monatsanfang ....

4. In der Wohnung .... es eine große Küche.

5. Man muss die Zimmer mit eigenen Möbeln ....

6. Sie .... einen kleinen Garten.

7. In diesem Haus .... sieben Familien.

8. Das Haus .... einen Fahrstuhl.

9. Vor dem Haus .... es eine Bushaltestelle.

10. Die Kinder .... gern im Garten.

C8 Was passt? Ordnen Sie zu.

(1) in einem schönen Haus   (a) machen

(2) die Miete   (b) kaufen

(3) die Hausarbeit   (c) suchen

(4) neue Möbel   (d) wohnen

(5) eine neue Wohnung   (e) bezahlen

C9 Ergänzen Sie in der E-Mail die Verben in der richtigen Form.

wohnen ▪ liegen ▪ **besuchen** ▪ dauern ▪ geben ▪ gehen ▪ schreiben ▪ essen ▪ finden

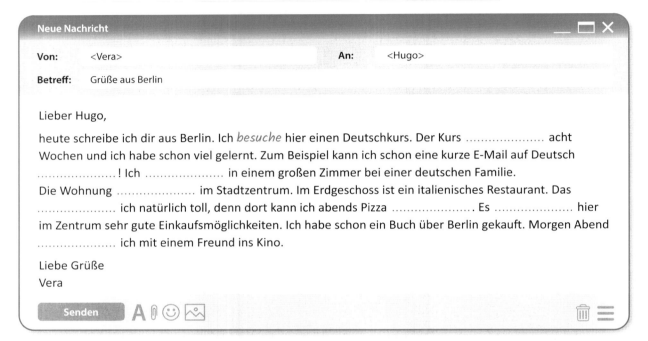

Neue Nachricht   _ ▢ ✕

Von: <Vera>   **An:**   <Hugo>

Betreff: Grüße aus Berlin

Lieber Hugo,

heute schreibe ich dir aus Berlin. Ich *besuche* hier einen Deutschkurs. Der Kurs .... acht Wochen und ich habe schon viel gelernt. Zum Beispiel kann ich schon eine kurze E-Mail auf Deutsch .... ! Ich .... in einem großen Zimmer bei einer deutschen Familie. Die Wohnung .... im Stadtzentrum. Im Erdgeschoss ist ein italienisches Restaurant. Das .... ich natürlich toll, denn dort kann ich abends Pizza .... Es .... hier im Zentrum sehr gute Einkaufsmöglichkeiten. Ich habe schon ein Buch über Berlin gekauft. Morgen Abend .... ich mit einem Freund ins Kino.

Liebe Grüße
Vera

Senden   A ◌ ☺ ⊠   🗑 ≡

C10 Schreiben Sie eine E-Mail an das Wohnungsbüro für Studenten.

■ an der Ludwig-Maximilians-Universität – im September – ich – mit einem Studium – beginne

1. in München – ich – suche – ein Zimmer – für meine Studienzeit

2. können – vielleicht – Sie – meine Fragen – beantworten

3. brauche – ich – folgende Informationen

4. Zimmer – für Studenten – gibt es – in der Nähe der Universität?

5. ein Zimmer – kostet – im Monat – wie viel?

6. wo – ein Zimmer – mieten – kann – ich?

7. für Ihre Hilfe – danke

Sehr geehrte Damen und Herren,
im September beginne ich mit einem Studium an der Ludwig-Maximilians-Universität.

....

....

....

....

....

C11 Finden Sie das passende Verb.

- eine Ausstellung – einen Freund – das Deutsche Museum – die Familie   *besuchen*

1. mit dem Fahrrad – mit dem Auto – mit dem Bus – mit der Straßenbahn   ....
2. eine Kartoffelsuppe – einen Kaffee – einen Tee – Spaghetti   ....
3. in Brasilien – in der Bachstraße – in einer Dreizimmerwohnung   ....
4. als Arzt – in der Schweiz – bei Siemens – in einem Kindergarten   ....

Das Modalverb *dürfen*

Konjugation	ich	darf		wir	dürfen
	du	darfst		ihr	dürft
	er/sie/es	darf		sie/Sie	dürfen

Satzbau	Beachten Sie die Satzklammer:				
	I.	II.	Ergänzung		Satzende
	Sie	dürfen	hier	nicht	parken.

Gebrauch	Im Krankenhaus darf man nicht rauchen.	→ *Verbot*
	Die Kinder dürfen hier spielen.	→ *Erlaubnis*
	Darf ich hier mal telefonieren?	→ *höfliche Frage*

C12 Beantworten Sie die Fragen.

- Darf ich das Fenster öffnen?   *Ja, natürlich dürfen Sie das Fenster öffnen.*

1. Dürfen Ihre Kinder bis 22 Uhr fernsehen?   Nein, ...
2. Dürfen Sie in Ihrem Büro laut singen?   Nein, ...
3. Mama, dürfen wir in der Tiefgarage spielen?   Nein, ...
4. Darf ich hier mal telefonieren?   Ja, natürlich ....
5. Darf man in diesem Kino Popcorn essen?   Ja, ...
6. Darf man hier links abbiegen?   Nein, ...
7. Dürfen wir hier parken?   Ja, ...

C13 Ergänzen Sie *müssen, können* oder *dürfen* in der richtigen Form.
Manchmal sind mehrere Lösungen möglich.

- Hier *darf* man keinen Alkohol trinken.

1. Sie .... dort an der Kasse bezahlen.
2. .... ich Ihnen helfen?
3. Ich .... heute noch nach Dortmund fahren.
4. In dem Museum .... man nicht laut sprechen.
5. Mein Sohn ist erst zwei Jahre alt: Er .... noch nicht lesen.
6. Hallo! Hier .... Sie nicht Rad fahren!
7. Morgen Nachmittag .... ich dich leider nicht besuchen,
   denn ich .... bis 19 Uhr arbeiten.

Adjektive

Komparation der Adjektive

			Positiv	Komparativ
Normalform			billig	billiger
a → ä	warm – lang – kalt – hart – nah – alt		warm	wärmer
o → ö	groß		groß	größer
u → ü	kurz – jung		jung	jünger
-er			teuer	teurer
-el			dunkel	dunkler
Sonderformen			gut	besser
			viel	mehr
			gern	lieber

C14 Ergänzen Sie den Komparativ.

■   Frau Klein findet den Frühling schön. Herr Groß findet den Sommer *schöner*.

1. In Italien ist es warm. In Ägypten ist es noch ....

2. Dieses Regal ist billig. Das dort ist aber noch viel ....

3. Die Wohnung in der Wiegandstraße ist groß.
    Die Wohnung in der Schellingstraße ist noch ....

4. Ich finde den neuen Krimi von Franka Böse langweilig.
    Ach, der letzte Krimi von Franka Böse war noch viel ....

5. Herr Zimmermann hat ein modernes Telefon,
    doch das Telefon von seiner Sekretärin ist noch ....

6. Das Bild „Die Kartoffelesser" von Vincent van Gogh ist sehr berühmt.
    Aber „Die Sonnenblumen" sind noch viel ....

7. Früher habe ich meine frischen Brötchen im Supermarkt gekauft.
    Heute kaufe ich die Brötchen beim Bäcker, dort sind sie viel ....

8. Sind die Stühle neu? Die sind aber hässlich.
    Ich finde deine Stühle noch viel ....

9. Als Abteilungsleiterin hat Frau Krause viel Geld verdient.
    Jetzt ist sie Direktorin und verdient noch ....

10. Ich fahre gern ans Meer, aber noch .... fahre ich in die Berge.

11. Das Haus auf der linken Seite ist sehr alt. Es ist aus dem Jahr 1894.
    Das Haus auf der rechten Seite ist aus dem Jahre 1794. Es ist 100 Jahre ....

12. Letztes Jahr war das Benzin teuer: Es kostete 1,30 Euro.
    Jetzt kostet es 1,50 Euro, es ist 20 Cent .... als im letzten Jahr.

13. Die Einkaufsmöglichkeiten waren im Stadtzentrum schon früher gut.
    Heute sind sie noch ....

14. Ich habe den Wein aus dem Keller geholt. Er ist kalt.
    Dieser Wein hier ist aus dem Kühlschrank. Er ist noch ....

15. Der Flur in deiner Wohnung ist sechs Meter lang.
    Der Flur in unserer Wohnung ist viel ....

16. Mein Sommerurlaub dauert dieses Jahr nur zwei Wochen. Das finde ich zu kurz.
    Der Chef hat nur eine Woche Sommerurlaub gemacht. Das ist noch viel ....

C15 Wie heißt das Gegenteil?

■ Sind diese Teller sauber?   Nein, sie sind *schmutzig.*

1. Ist eure Straße laut?   Nein, sie ist sehr ....

2. War dieser Sessel teuer?   Nein, er war ganz ....

3. Ist die Wohnung von Karl schön?   Nein, sie ist ....

4. Haben Sie ein helles Wohnzimmer?   Nein, das Wohnzimmer ist leider ....

Nomen

C16 Wie heißen die Nomen? Ergänzen Sie die Nomen auf *-e*.

■ groß   *die Größe*   4. frisch ....   8. ruhig ....

1. nah ....   5. tief ....   9. lang ....

2. warm ....   6. weit ....   10. kalt ....

3. kurz ....   7. leer ....   11. hoch ....

C17 Welches Wort passt zu jedem Wort in der Gruppe? Nennen Sie auch den Plural.

1. der Küchen-   3. der Markt-
   der Kleider-   der Spiel-
   der Bücher- ....   der Arbeits- ....
   der Geschirr-   der Park-

2. das Wohn-   4. die Bus-
   das Dreibett-   die Straßenbahn-
   das Schlaf- ....   die S-Bahn- ....
   das Arbeits-   die U-Bahn-

C18 Ergänzen Sie den Artikel. Welches Wort hat einen anderen Artikel?

■ *die*   Spülmaschine – Lampe – Ende – Kaltmiete – Einbauküche   *das Ende*

1. ....   Balkon – Garten – Arbeitszimmer – Keller – Flur   ....

2. ....   Laptop – Kalender – Fernseher – Fenster – Computer   ....

3. ....   Großstadt – Zweizimmerwohnung – Villa – Mehrfamilienhaus   ....

4. ....   Dame – Frau – Mädchen – Tochter – Ingenieurin   ....

5. ....   Geschäft – Kino – Restaurant – Schwimmbad – Universität   ....

6. ....   Ruhe – Größe – Etage – Fahrstuhl – Lage   ....

7. ....   Tisch – Vase – Stuhl – Karton – Spiegel   ....

8. ....   Schublade – Kommode – Gitarre – Ordner   ....

9. ....   Maus – Tastatur – Fotoapparat – Kaffeemaschine   ....

Rückblick

D1 **Wichtige Redemittel**
Hören Sie die Redemittel. Sprechen Sie die Wendungen nach und übersetzen Sie sie in Ihre Muttersprache.

Zweisprachige Redemittellisten finden Sie hier: www.schubert-verlag.de/wortschatz

Deutsch   Ihre Muttersprache

Wohnen

Man kann in der Stadt/am Stadtrand/ ....

      auf dem Land wohnen. ....

Ich suche eine Wohnung/ein Haus. ....

Wie viele Zimmer hat die Wohnung? ....

Die Wohnung hat ein Wohnzimmer, ...

      ein Schlafzimmer, ein Arbeitszimmer, ...

      ein Kinderzimmer, eine Küche und ein Bad. ....

Die Wohnung hat (89) Quadratmeter. ....

Was kostet die Wohnung? ....

Die monatliche Miete beträgt ....

      (800) Euro (ohne/mit) Nebenkosten. ....

Die Gesamtkosten betragen 1 000 Euro. ....

Wie ist die Lage? ....

Die Wohnung liegt ....

      (am Stadtrand/im Zentrum/im Westen). ....

Sie liegt (15 Minuten) vom Bahnhof entfernt. ....

Es gibt in der Nähe gute Einkaufsmöglichkeiten. ....

Die Wohnung ist in einer ....

      (kinderfreundlichen Umgebung). ....

Möchten Sie die Wohnung besichtigen? ....

Gibt es Besonderheiten? ....

Die Wohnung hat einen Garten und einen Balkon. ....

Hausordnung

Alle Mieter müssen die Nachtruhe respektieren. ....

Man darf in der Wohnung und im Haus ....

      keinen Lärm machen. ....

Kinder dürfen auf dem Spielplatz im Hof spielen. ....

Im Keller oder in der Tiefgarage ist Spielen verboten. ....

Haustüren und Hoftüren muss man von ....

      (22.00) bis (6.00) Uhr abschließen. ....

Wie komme ich zu …?

Wie komme ich (*zum Hotel*)?	....
Gehen Sie geradeaus bis zur Hauptstraße.	....
Dann nach links bis zur zweiten Querstraße.	....
Fahren Sie bis zur Ampel.	....
An der Ampel müssen Sie links abbiegen.	....
(*Das Hotel*) ist neben (*dem Museum*).	....

D2 Kleines Wörterbuch der Verben

dürfen	ich darf wir dürfen	du darfst ihr dürft	er/sie darf sie dürfen
abschließen (*die Haustür abschließen*)	ich schließe ab wir schließen ab	du schließt ab ihr schließt ab	er/sie schließt ab sie schließen ab
ausgehen	ich gehe aus wir gehen aus	du gehst aus ihr geht aus	er/sie geht aus sie gehen aus
baden	ich bade wir baden	du badest ihr badet	er/sie badet sie baden
besichtigen (*eine Wohnung besichtigen*)	ich besichtige wir besichtigen	du besichtigst ihr besichtigt	er/sie besichtigt sie besichtigen
diskutieren	ich diskutiere wir diskutieren	du diskutierst ihr diskutiert	er/sie diskutiert sie diskutieren
einrichten (*eine Wohnung einrichten*)	ich richte ein wir richten ein	du richtest ein ihr richtet ein	er/sie richtet ein sie richten ein
feiern	ich feiere wir feiern	du feierst ihr feiert	er/sie feiert sie feiern
grillen	ich grille wir grillen	du grillst ihr grillt	er/sie grillt sie grillen
hängen (*etwas an die Wand hängen*)	ich hänge wir hängen	du hängst ihr hängt	er/sie hängt sie hängen
legen (*etwas auf den Tisch legen*)	ich lege wir legen	du legst ihr legt	er/sie legt sie legen
reinigen (*das Treppenhaus reinigen*)	ich reinige wir reinigen	du reinigst ihr reinigt	er/sie reinigt sie reinigen
respektieren (*die Mittagsruhe respektieren*)	ich respektiere wir respektieren	du respektierst ihr respektiert	er/sie respektiert sie respektieren
stellen (*etwas auf den Tisch stellen*)	ich stelle wir stellen	du stellst ihr stellt	er/sie stellt sie stellen
stören	etwas stört mich		
üben (*Klavier üben*)	ich übe wir üben	du übst ihr übt	er/sie übt sie üben
warten (*auf ein Angebot warten*)	ich warte wir warten	du wartest ihr wartet	er/sie wartet sie warten
zubereiten (*ein Menü zubereiten*)	ich bereite zu wir bereiten zu	du bereitest zu ihr bereitet zu	er/sie bereitet zu sie bereiten zu

D3 **Evaluation**
Überprüfen Sie sich selbst.

Ich kann	gut	nicht so gut
Ich kann eine Wohnung und die Wohnungseinrichtung beschreiben.	☐	☐
Ich kann eine Wohnungsanzeige verstehen und schreiben.	☐	☐
Ich kann kurz über meine Wohnung (Lage, Größe, Zimmer) mündlich und schriftlich berichten.	☐	☐
Ich kann nach wichtigen Informationen über eine Mietwohnung fragen und ein einfaches Gespräch mit einem Makler führen.	☐	☐
Ich kann einfache Wegbeschreibungen verstehen und geben.	☐	☐
Ich kann eine einfache Hausordnung verstehen.	☐	☐
Ich kann die Himmelsrichtungen nennen.	☐	☐
Ich kann einen einfachen Text über die Wohnsituation in Deutschland verstehen. (*fakultativ*)	☐	☐

Begegnungen und Ereignisse

Kommunikation

- Gute Wünsche formulieren
- Eine Einladung annehmen/absagen
- Die wichtigsten Körperteile nennen
- Einen Termin beim Arzt vereinbaren
- Ratschläge zum Thema Gesundheit geben
- Einfache Nachrichten verstehen

Wortschatz

- Wünsche
- Einladung
- Körperteile
- Einfache Nachrichtensprache

Gute Wünsche und schöne Geschenke

A1 **Sie haben viele Einladungen erhalten.**
Nächste Woche ist Ihr Terminkalender voll. Fünf Partys und Besuche stehen auf Ihrem Programm.
Sie brauchen natürlich für jeden eine Karte. Wählen Sie aus. Welche Karte ist für welchen Anlass?

Oma wird 80. ....
Paul hat endlich seine Führerscheinprüfung bestanden. ....
Christine ist krank. Sie liegt im Krankenhaus. ....
Annerose und Joachim heiraten. ....
Karl hat eine neue Wohnung und macht eine Einweihungsfeier. ....
Beate wird Leiterin in einer anderen Abteilung. ....

A2 **Das Verb *werden***
Ergänzen Sie *werden* in der richtigen Form.

- Martina *wird* nächste Woche 18.
1. Wann .... du Direktor?
2. Frau Kümmel .... Abteilungsleiterin.
3. Andrea und Andreas .... am Montag 30.
4. Karl studiert Physik. Er .... Physiker.
5. Ich arbeite so fleißig, aber ich .... nie Universitätsprofessor!
6. Wann .... du endlich Informatiker?
   Dann kannst du mir bei Computerproblemen helfen.

werden		⇨ Teil C Seite 213
Singular	ich	werde
	du	wirst
	er/sie/es	wird
Plural	wir	werden
	ihr	werdet
	sie	werden
formell	Sie	werden

Oma **wird** 80.
Wilhelm **wird** Abteilungsleiter.

A3 **Wünsche**
Formulieren Sie gute Wünsche.

■ der Führerschein

Herzlichen Glückwunsch zum Führerschein!
Ich gratuliere dir zum Führerschein!

1. der Geburtstag ....
2. die Hochzeit ....
3. die bestandene Deutschprüfung ....
4. die Beförderung ....
5. der 25. Hochzeitstag ....
6. der Lottogewinn ....
7. die neue Wohnung ....

Herzlichen Glückwunsch
Alles Gute
Alle guten Wünsche   } *zu* + Dativ *(zum/zur)*
Ich gratuliere dir

A4 **Was wünschen Sie und was schenken Sie?**
Formulieren Sie Sätze wie im Beispiel.

viel Glück ▪ Gesundheit ▪ **ein langes Leben** ▪ gute
Besserung ▪ gute Fahrt ▪ nette Nachbarn ▪ ein neues
Auto ▪ ewige Liebe ▪ gute Nerven ▪ viel Erfolg ▪
nette Kollegen …

einen Blumenstrauß ▪ einen Korb mit frischem
Obst ▪ ein Matchboxauto ▪ ein Buch ▪ einen
Autoatlas ▪ eine Tafel Schokolade ▪ eine Flasche
Champagner ▪ eine Vase …

Oma *(Geburtstag)*: *Ich wünsche Oma ein langes Leben und schenke ihr einen Blumenstrauß.*

Paul *(Führerschein)*: ....

Christine *(krank)*: ....

Annerose und Joachim *(Hochzeit)*: ....

Karl *(neue Wohnung)*: ....

Beate *(Beförderung)*: ....

Verben mit Dativ und Akkusativ   ⇨ Teil C Seite 213

Das Verb regiert im Satz.

Ich   kaufe   mir   ein neues Kleid.
                    kaufen

NOMINATIV   DATIV   AKKUSATIV

Ich   schenke   ihr   ein Buch.
                    schenken

NOMINATIV   DATIV   AKKUSATIV

A5 Was schenkst du wem?
Antworten Sie wie im Beispiel.

- Was schenkst du Oma zum Geburtstag? *(Gartenzwerg)*
  Ich schenke ihr einen Gartenzwerg.

1. Was kaufst du Paul zum Geburtstag? *(Flasche Schnaps)*

   ....

2. Was schenkst du deinem Bruder zur Beförderung? *(Terminkalender)*

   ....

3. Was schenkst du Nina und Johann zum 10. Hochzeitstag? *(zwei Konzertkarten)*

   ....

4. Was kaufst du Michael zum Geburtstag? *(gar nichts)*

   ....

5. Was schenkst du deinen Eltern zum 50. Hochzeitstag? *(50 rote Rosen)*

   ....

6. Was schenkst du deiner Schwester zum Geburtstag? *(Handtasche)*

   ....

7. Was schenkst du deinem Bruder zum Führerschein? *(Buch mit Verkehrsregeln)*

   ....

8. Was kaufst du dir zum Geburtstag? *(Koffer)*

   ....

A6 Ein besonderes Geschenk
Berichten Sie über ein Geschenk.

- Haben Sie schon einmal ein sehr schönes oder ein sehr hässliches Geschenk bekommen?
- Was war das für ein Geschenk?
- Von wem?
- In welchem Jahr?
- Was war der Anlass?
- War das Geschenk gekauft oder selbst gemacht?

Das Geschenk war von *(meiner Mutter)* …
Es war im Jahr …
Ich habe es zur/zum … bekommen.

A7 Dialoge
Fragen und antworten Sie wie im Beispiel.

- Martin – das Kochbuch

  ☐ Was soll ich Martin *(zum Geburtstag)* schenken?

    - Schenk ihm doch ein Kochbuch!

  ☐ Er hat aber schon ein Kochbuch.

1. Manfred – das Fahrrad
2. Birgit – der Regenschirm
3. Hermann – der Fotoapparat
4. Reiner und Angela – der Fernseher
5. Werner – das Handy

6. Martina – die Sonnenbrille
7. Claudia – der Bikini
8. Maria – die Handtasche
9. Martin und Martina – ein Kaffeeservice

A8   Die Party von Beate

Hören Sie die Partygespräche und notieren Sie die fehlenden Informationen.

Dialog 1

■ Kathrin arbeitet bei *Siemens*.

1. Kathrin arbeitet gern. Die Arbeit macht ihr noch immer ....

2. Martina war früher ....

3. Sie ist jetzt zu Hause und hat einen kleinen ....

4. Kathrin wohnt nicht mehr mit Torsten zusammen. Sie hat eine Wohnung in der Augustusstraße und eine tolle .... über die Stadt.

5. Die Wohnung ist im ....

6. Martina wohnt am Stadtrand in einer kinderfreundlichen ....

7. Sie möchte Kathrin gern einmal besuchen. Ihren Sohn kann sie ....

Dialog 2

1. Stefano ist ein .... von Susanne.

2. Er kommt aus ....

3. Stefano spricht sehr gut Deutsch. Er hat in München Informatik .... und ist danach in Deutschland ....

4. Kathrin kennt Susanne schon lange. Kathrin und Susanne sind in die .... Schule gegangen.

5. Abends besucht Susanne noch einen Informatikkurs und einen ....

6. Sie möchte nicht die nächsten 100 Jahre Assistentin ....

7. Stefano findet Italienisch .... als Deutsch.

Die Gesundheit

A9   Noch ein Partygespräch

Hören und lesen Sie.

Kathrin: Hallo Carlo, wie geht es dir?

Carlo: Hallo Kathrin. Ach, mir geht es überhaupt nicht gut. Sieht man das nicht?

Kathrin: Nein, ich sehe nichts. Was ist los? Bist du krank?

Carlo: Ich habe mal wieder schreckliche Kopfschmerzen.

Kathrin: Du hast Kopfschmerzen?
Möchtest du eine Aspirin-Tablette?

Carlo: Nein, ich habe schon eine genommen.

Kathrin: Dann musst du nach Hause gehen und schlafen. Und du darfst keinen Alkohol trinken!

Carlo: Ich trinke ja keinen Alkohol. Das hier ist Apfelsaft.

Kathrin: Warst du schon beim Arzt?

Carlo: Nein, ich gehe nicht gern zum Arzt.
Ich kaufe mir die Tabletten immer in der Apotheke.
Kopfschmerzen sind ja auch keine richtige Krankheit.

Kathrin: Das glaube ich nicht. Ich habe auch manchmal Kopfschmerzen und ich finde, Kopfschmerzen können sehr wehtun! …

A10 Fragen zum Dialog

a) Was erfahren wir über Carlo? Ergänzen Sie.

■ Carlo geht es überhaupt *nicht gut*.

1. Er hat schreckliche ....

2. Er hat schon eine Aspirin- ....

3. Er geht nicht gern ....

4. Er kauft seine Tabletten immer ....

5. Er denkt, Kopfschmerzen sind keine richtige ....

b) Was meint Kathrin? Ergänzen Sie.

1. Carlo muss nach .... und ....

2. Carlo darf ....

3. Kopfschmerzen können sehr ....

A11 Der Körper

a) Hören und lesen Sie.

b) Was tut Ihnen weh? Spielen Sie kleine Dialoge.

wehtun + Dativ = **Mir tut etwas weh.**

■ Mir tut der Kopf weh. Tut dir auch etwas weh?
    ☐ Ja, mir tut mein Bein weh.
    ☐ Nein, mir tut gar nichts weh. Ich bin gesund.

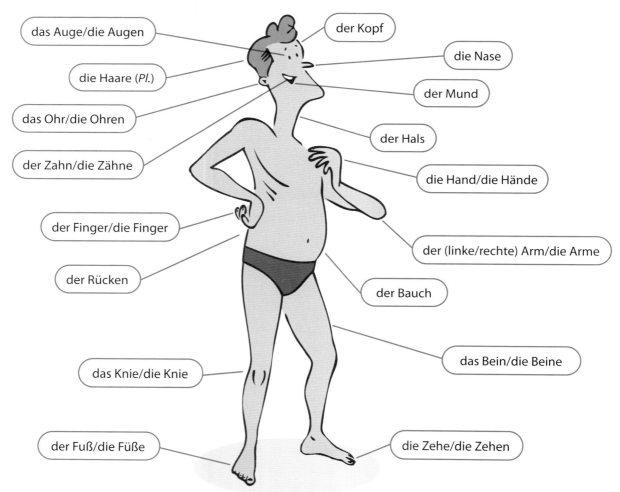

A12 **Sind Sie manchmal krank?**

a) Was man alles haben kann. Lesen Sie.

> Kopfschmerzen ▪ Halsschmerzen ▪ Ohrenschmerzen ▪ Zahnschmerzen ▪ Bauchschmerzen ▪ Husten ▪
> Rückenschmerzen ▪ Schnupfen ▪ Fieber ▪ Grippe ▪ einen Kater

b) Was muss man tun, was darf man nicht tun? Geben Sie Ratschläge.

> viel spazieren gehen ▪ viel Wasser trinken ▪ heißen Tee mit Honig trinken ▪ warme Sachen anziehen ▪
> gerade sitzen ▪ sofort zum Arzt gehen ▪ keinen Alkohol trinken ▪ nicht ausgehen ▪ nicht rauchen ▪
> eine Schmerztablette einnehmen ▪ viel schlafen ▪ keine Schokolade essen ▪ nicht mit dem Auto fahren ▪
> immer eine Mütze aufsetzen ▪ sauren Fisch essen …

Bei Kopfschmerzen müssen Sie (musst du/muss man) viel Wasser trinken.
Bei Kopfschmerzen dürfen Sie (darfst du/darf man) keinen Alkohol trinken.

Bei Halsschmerzen ....

Bei Ohrenschmerzen ....

Bei Zahnschmerzen ....

Bei Bauchschmerzen ....

Bei Rückenschmerzen ....

Bei Husten und Schnupfen ....

Bei Fieber ....

Bei Grippe ....

Bei einem Kater ....

c) Sie sind krank. Sie haben Ratschläge (von Ihrer Nachbarin/Ihrem Nachbarn/von Ihren Freunden)
bekommen. Wiederholen Sie: Was meinen die anderen? Was sollen Sie tun?

Ich habe Kopfschmerzen.　　Ich soll viel Wasser trinken.
　　　　　　　　　　　　Ich soll keinen Alkohol trinken.

A13 **Phonetik: Zusammengesetzte Nomen (Komposita)**
Hören und wiederholen Sie.

2.44

Kopf/schmerzen – Schmerz/tablette – Hals/schmerzen – Rat/schläge – Ohren/schmerzen – Haus/arzt –
Rücken/schmerzen – Zahn/schmerzen

Haupt/bahnhof – Zwei/bett/zimmer – Mehr/familien/haus – Mineral/wasser – Wein/flasche – Termin/kalender

→ Der Wortakzent bei Komposita ist links.

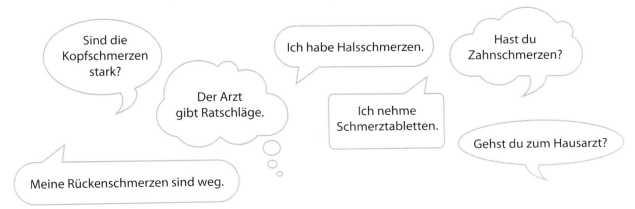

Sind die Kopfschmerzen stark?

Der Arzt gibt Ratschläge.

Ich habe Halsschmerzen.

Ich nehme Schmerztabletten.

Hast du Zahnschmerzen?

Gehst du zum Hausarzt?

Meine Rückenschmerzen sind weg.

A14 **Einen Termin beim Arzt vereinbaren**

a) Hören und lesen Sie den Dialog am Telefon.

Arztpraxis:	Praxis Dr. Krause, guten Tag.
Patient:	Guten Tag, Armin Völler hier. Ich möchte gerne einen Termin beim Arzt vereinbaren.
Arztpraxis:	Was haben Sie für Beschwerden?
Patient:	Ich habe Husten, Schnupfen und Halsschmerzen.
Arztpraxis:	Haben Sie auch Fieber?
Patient:	Ja, ich glaube.
Arztpraxis:	Dann können Sie heute Nachmittag kommen, um 15.00 Uhr. Waren Sie schon einmal bei uns?
Patient:	Nein. Ich wohne noch nicht so lange in Berlin.
Arztpraxis:	Sagen Sie mir bitte noch mal Ihren Namen?
Patient:	Völler, V-ö-l-l-e-r.
Arztpraxis:	Wann sind Sie geboren?
Patient:	Am 21.3.1980.
Arztpraxis:	Wie sind Sie versichert?
Patient:	Bei der AOK. Das ist eine gesetzliche Kasse.
Arztpraxis:	Danke, dann bis heute Nachmittag.
Patient:	Danke auch. Auf Wiederhören.

b) Spielen Sie Dialoge.

Praxis Dr. ...

Guten Tag. Ich möchte gerne einen Termin beim Arzt (*vereinbaren*).

Was haben Sie für Beschwerden?

...

Sie können ... kommen.
Waren Sie schon mal bei uns?

...

Buchstabieren Sie bitte Ihren Namen.
Wann sind Sie geboren?

...

A15 **Medikamente**

Sie waren beim Arzt und haben Tabletten gegen Ihre Kopfschmerzen bekommen.
Lesen Sie die Anweisungen.

 **SchmerzEx**

- **Zusammensetzung**
  Eine Tablette enthält 400 mg SchmerzEx.
- **Anwendung**
  Bei Kopfschmerzen und
  leichten Migräneanfällen.

- **Einnahme**
  Nehmen Sie die Tabletten mit viel Flüssigkeit nach den Mahlzeiten ein, ohne ärztlichen Rat nicht länger als 3 Tage. Nehmen Sie die Tabletten nicht mit Milch ein.
- **Dosierung**

Kinder (13 bis 14 Jahre)	max. 1 Tablette pro Tag
Jugendliche (bis 17 Jahre)	1 bis max. 2 Tabletten pro Tag
Erwachsene	1 bis max. 3 Tabletten pro Tag

- **Nebenwirkungen**

häufig:	Übelkeit
selten:	Bauchschmerzen

Bei starken Schmerzen müssen Sie zum Arzt gehen.

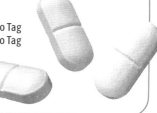

A16 **Informationen zu Medikamenten**
Beantworten Sie die Fragen zum Text. Kreuzen Sie an.

	ja	nein
1. Ihre zehn Jahre alte Tochter hat Kopfschmerzen. Darf sie eine Tablette einnehmen?	☐	☐
2. Sie haben Halsschmerzen. Ist *SchmerzEx* das richtige Medikament?	☐	☐
3. Jemand nimmt die Tablette nach dem Essen. Ist das ein guter Zeitpunkt?	☐	☐
4. Dürfen Jugendliche nur zwei Tabletten am Tag einnehmen?	☐	☐
5. Ein Patient bekommt starke Bauchschmerzen nach der Einnahme von *SchmerzEx*. Ist das normal?	☐	☐

Entschuldigungen

A17 **Zu viele Termine …**
Sie waren auch auf der Party von Beate.
Aber diese Woche sind noch vier andere Feiern und
ein Besuch im Krankenhaus. Natürlich ist das zu viel für Sie!
Sie müssen zwei Termine absagen.

Das steht auf dem Plan:
- der 80. Geburtstag von Oma
- die Hochzeitsfeier von Annerose und Joachim
- die Einweihungsfeier bei Karl
- die Party bei Paul
- der Krankenbesuch.

a) Diskutieren Sie mit Ihrer Nachbarin/Ihrem Nachbarn
über die Wichtigkeit der Einladungen.

Der Geburtstag von Oma ist wichtiger als …
Das finde ich nicht so wichtig wie …
Du hast recht./Ja, das stimmt./Das ist wahr.

b) Sagen Sie mündlich ab. Sprechen Sie Ihre Nachricht auf die Mailbox.

c) Sagen Sie schriftlich ab. Schreiben Sie zwei Entschuldigungen.

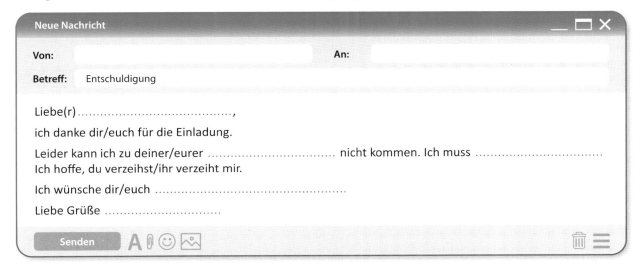

Neue Nachricht

Von: **An:**

Betreff: Entschuldigung

Liebe(r) ....,
ich danke dir/euch für die Einladung.

Leider kann ich zu deiner/eurer .... nicht kommen. Ich muss ....
Ich hoffe, du verzeihst/ihr verzeiht mir.

Ich wünsche dir/euch ....

Liebe Grüße ....

Senden

A18   **Die Party von Karl**

Gestern war die Feier in der neuen Wohnung von Karl. Leider waren viele Gäste nicht da. Formulieren Sie die Entschuldigungen wie im Beispiel. Verwenden Sie das Präteritum der Modalverben.

■   Paul: arbeiten
Paul konnte gestern Abend nicht kommen, er musste arbeiten.

1.   Iris: ihre Eltern vom Bahnhof abholen
Iris konnte gestern Abend nicht kommen, sie ....

2.   Martin: seine Wohnung sauber machen

....

3.   Kerstin: ihren Bruder im Krankenhaus besuchen

....

4.   Birgit: ihr Auto in die Werkstatt bringen

....

5.   Paul: noch fünf E-Mails schreiben

....

6.   Peter: seinen Computer reparieren

....

7.   Max: zu einer Geschäftsbesprechung nach Rom fliegen

....

8.   Petra: einen Chinesisch-Kurs besuchen

....

9.   Heiner: Deutsch-Hausaufgaben machen

....

10. Claudia: an ihrem Vortrag arbeiten

....

11. Marianne: mit Kollegen essen gehen

....

12. Franz: eine Präsentation vorbereiten

....

Präteritum der Modalverben   ⇨ Teil C Seite 215

		Paul	kann	nicht kommen.
Präsens	heute/jetzt/im Moment/dieses Jahr …	Er	muss	arbeiten.
		Otto	will	nicht kommen.
		Marlis	darf	nicht kommen.
Präteritum	früher/letztes Jahr/gestern …	Paul	konnte	nicht kommen.
		Er	musste	arbeiten.
		Otto	wollte	nicht kommen.
		Marlis	durfte	nicht kommen.

Wie bei *sein* und *haben* benutzt man bei den Modalverben in der Vergangenheit oft das Präteritum.

A19 **Wer *wollte, konnte* oder *durfte* nicht kommen?**

Auch auf der Party von Paul haben viele Gäste gefehlt.

a) Lesen Sie die Gründe und formulieren Sie Sätze mit einem Modalverb.

■	Hans hat gearbeitet.	Er *konnte* nicht kommen.
1.	Sandra hat ferngesehen.	Sie .... nicht kommen.
2.	Michael hatte Fieber.	....
3.	Sascha war auf einer anderen Party.	....
4.	Der Arzt von Anna hat gesagt, sie soll im Bett bleiben.	....
5.	Frau Kümmel hatte eine Besprechung.	....
6.	Heidrun war im Fitnessstudio.	....

b) Sammeln Sie weitere Entschuldigungen und Ausreden.

Ich konnte nicht kommen, denn …

Was ist noch alles passiert?

 A20 **Nachrichten**

Hören und lesen Sie die folgenden Kurznachrichten.

2.46

+++ KURZNACHRICHTEN +++

 Eröffnung der Automobilmesse

Der Bürgermeister eröffnete heute die 13. Automobilmesse in Erfurt. Auf der Messe zeigen rund 135 Aussteller ihre neuen Produkte. Das Interesse ist sehr groß. Besonders beliebt sind die neuen E-Autos von Mercedes und Toyota. Die Automobilhersteller erwarten in den nächsten Tagen rund 30 000 Besucher und hoffen auf viele potenzielle Käufer.

 Außenministerin in Paris

Die deutsche Außenministerin flog gestern zu Gesprächen nach Paris. Dort traf sie ihre französische Amtskollegin. Gesprächsthemen waren die deutsch-französischen Beziehungen und die Zukunft der Europäischen Union. Nach dem Gespräch lobten die Ministerinnen die gute Zusammenarbeit zwischen Deutschland und Frankreich.

 Ärzteprotest in Sachsen

Rund 250 Ärzte von Universitätskrankenhäusern protestierten gestern in Leipzig. Die Mediziner forderten bessere Arbeitsbedingungen und mehr Gehalt. Zur Zeit müssen die Ärzte ca. 60 Stunden pro Woche arbeiten. Sie bekommen aber nur für 40 Stunden Gehalt. 20 Arbeitsstunden pro Woche sind unbezahlt. Die Krankenhausleitung signalisierte Gesprächsbereitschaft und will eine Lösung für das Problem finden.

 Wetter

Teilweise sonnig, teilweise bewölkt, leichter Südwestwind, am Abend etwas Regen. Die Temperaturen liegen bei 13 bis 16 Grad.

 Mäuse singen Liebeslieder

Der Mensch kann singen, der Vogel auch. Aber Mäuse? Ja, sagen amerikanische Forscher. Sie berichteten in einer Fachzeitschrift über die singenden Mäuse. Leider können Menschen den Gesang der Mäuse nicht hören, denn sie singen auf Ultraschallfrequenz. Bei einem Experiment an der Universität in Washington sangen 46 Mäusemännchen. Die Forscher nahmen die Ultraschall-Töne auf. Danach verarbeiteten sie die Töne und machten die Melodien hörbar.

 Filmpremiere

Heute hat der Film „Kampf über den Wolken" in Berlin Premiere. Zur Premiere kommen auch die Hauptdarsteller und die junge Regisseurin Mia Mulzer. In dem spannenden Film wollen Terroristen bei einem Flug von Berlin nach London das Flugzeug entführen und es kommt zum Kampf mit der Crew. Einige Filmszenen drehte die Regisseurin auf dem Flughafen Leipzig.

Fußball

In der UEFA Europa League spielten gestern zwei deutsche Fußballklubs. Der FC Schalke 04 gewann gegen Galatasaray Istanbul mit 2 : 0 und ist damit im Halbfinale. Eintracht Frankfurt verlor gegen Juventus Turin mit 0 : 3 und schied aus dem Wettkampf aus.

+++ KURZNACHRICHTEN +++

A21 Informationen aus den Nachrichten
Was ist richtig oder falsch? Kreuzen Sie an.

	richtig	falsch
1. Auf der Automobilausstellung besuchte der Bürgermeister die Firmen Mercedes und Toyota.	☐	☐
2. Die Automobilhersteller möchten viele Autos verkaufen.	☐	☐
3. Die französische Außenministerin besuchte die deutsche Außenministerin.	☐	☐
4. Die Ärzte in Sachsen wollen mehr Geld für ihre Arbeit.	☐	☐
5. Die Krankenhausleitung will die Forderung nicht akzeptieren.	☐	☐
6. Die Sonne scheint den ganzen Tag.	☐	☐
7. Mäuse können singen, aber die Menschen hören es nicht.	☐	☐
8. Der neue Film von Mia Mulzer spielt in Leipzig.	☐	☐
9. Eintracht Frankfurt darf nicht mehr in der Europa League spielen.	☐	☐

A22 Wortschatz
Kombinieren Sie.

(1) eine Ausstellung   (a) bekommen
(2) neue Produkte   (b) erwarten
(3) viele Besucher   (c) eröffnen
(4) bessere Arbeitsbedingungen   (d) fordern
(5) wenig Gehalt   (e) finden
(6) eine Lösung   (f) zeigen

A23 Verben im Präteritum
Unterstreichen Sie das Verb und nennen Sie den Infinitiv.

■ Rund 250 Ärzte von Universitätskrankenhäusern <u>protestierten</u> gestern in Leipzig.   *protestieren*

1. Die Mediziner forderten bessere Arbeitsverhältnisse.   ....
2. Der Bürgermeister eröffnete heute die Automobilausstellung.   ....
3. Die deutsche Außenministerin flog gestern zu Gesprächen nach Paris.   ....
4. Dort traf sie ihre französische Amtskollegin.   ....
5. Thema der Gespräche waren die deutsch-französischen Beziehungen.   ....
6. Nach dem Gespräch lobten die Ministerinnen die gute Zusammenarbeit.   ....
7. Wissenschaftler berichteten in einer Fachzeitschrift über die singenden Mäuse.   ....
8. Bei einem Experiment sangen 46 Mäusemännchen.   ....
9. Die Forscher nahmen die Töne auf.   ....
10. Sie verarbeiteten die Töne.   ....
11. Sie machten die Töne hörbar.   ....
12. Einige Filmszenen drehte die Regisseurin auf dem Flughafen Leipzig.   ....
13. In der Europa League spielten gestern zwei deutsche Fußballklubs.   ....
14. Der FC Schalke 04 gewann gegen Galatasaray Istanbul mit 2:0.   ....
15. Eintracht Frankfurt verlor gegen Juventus Turin mit 0:3 und schied aus.   ....

A24 Zusammengesetzte Nomen
Ergänzen Sie den zweiten Teil der Nomen.

Arbeit ▪ Zeitschrift ▪ Haus ▪ Meister ▪ Hafen ▪ Ministerin

1. das Kranken.........................
2. der Bürger.........................
3. die Außen.........................

4. die Zusammen.........................
5. die Fach.........................
6. der Flug.........................

A25 Ordnen Sie die Verben.
Suchen Sie die Verben im Präteritum aus A23.
Welche Verben sind regelmäßig, welche unregelmäßig?

regelmäßige Verben	unregelmäßige Verben
die Ärzte protestier<u>ten</u>	*die Außenministerin fl<u>og</u>*

Perfekt (*Wiederholung*)
haben oder *sein* + Partizip auf *-t*:
die Ärzte haben protestiert

haben oder *sein* + Partizip auf *-en*:
die Außenministerin ist geflogen (oft Vokalwechsel)

A26 Was ist passiert?
Berichten Sie Ihrem Freund/Ihrer Freundin über die Ereignisse. Benutzen Sie das Perfekt.

a) regelmäßige Verben

■ Der Bürgermeister eröffnete heute die Automobilausstellung.

Der Bürgermeister <u>hat</u> heute die Automobilausstellung <u>eröffnet</u>.

1. Die Ministerinnen lobten die gute Zusammenarbeit.
....

2. Rund 250 Ärzte protestierten gestern in Leipzig.
....

3. Die Mediziner forderten bessere Arbeitsverhältnisse.
....

4. Wissenschaftler berichteten in einer Fachzeitschrift über singende Mäuse.
....

5. Die Forscher machten die Töne hörbar.
....

6. Die Regisseurin drehte einige Szenen auf dem Flughafen in Leipzig.
....

7. In der Europa League spielten gestern zwei deutsche Fußballklubs.
....

b) unregelmäßige Verben

1. Die deutsche Außenministerin flog gestern nach Paris.
....

2. Bei einem Experiment sangen 46 Mäusemännchen.
....

3. Der FC Schalke 04 gewann gegen Galatasaray Istanbul mit 2 : 0.
....

4. Eintracht Frankfurt verlor gegen Juventus Turin mit 0 : 3.
....

Wissenswertes *(fakultativ)*

B1 Feiertage – freie Tage

a) Antworten Sie.

- Wie viele Feiertage gibt es in Ihrem Land?
- Was sind für Sie die wichtigsten Feiertage?
- Was machen Sie an diesen Feiertagen?

b) Beschreiben Sie die Grafik.

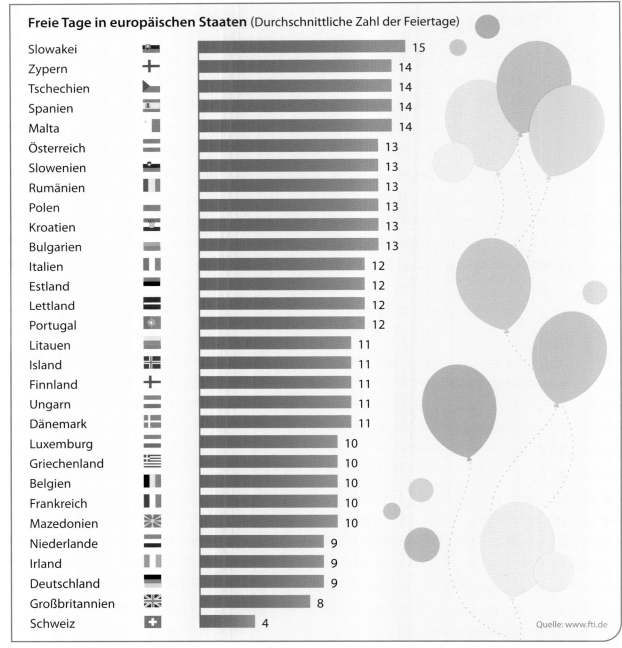

Freie Tage in europäischen Staaten (Durchschnittliche Zahl der Feiertage)

Slowakei		15
Zypern		14
Tschechien		14
Spanien		14
Malta		14
Österreich		13
Slowenien		13
Rumänien		13
Polen		13
Kroatien		13
Bulgarien		13
Italien		12
Estland		12
Lettland		12
Portugal		12
Litauen		11
Island		11
Finnland		11
Ungarn		11
Dänemark		11
Luxemburg		10
Griechenland		10
Belgien		10
Frankreich		10
Mazedonien		10
Niederlande		9
Irland		9
Deutschland		9
Großbritannien		8
Schweiz		4

Quelle: www.fti.de

In *(der Slowakei/Malta)* gibt es .... Feiertage.

(Die Slowakei/Malta) hat .... Feiertage.

.... liegt an der Spitze.

.... liegt vorn.

.... liegt im Mittelfeld.

.... liegt hinten.

B2 **Die beliebteste Feier in Deutschland: die Weihnachtsfeier**

In der Zeit vor Weihnachten (Weihnachten = 24./25./26.12.) gibt es in Deutschland überall Weihnachtsfeiern in den Betrieben, an den Universitäten, in den Schulen, im Fußballklub usw.

Antworten Sie.

1. Gibt es das in Ihrem Land auch?
2. Was machen die Leute bei der Weihnachtsfeier?

> Lieder singen ▪ tanzen ▪ *(Wein/Kaffee …)* trinken ▪ *(Kuchen …)* essen ▪ Geschenke überreichen ▪
> über private Dinge sprechen ▪ über die Arbeit sprechen ▪ mit einer Kollegin/einem Kollegen flirten …

B3 **Die Personalabteilung lädt ein.**

a) Lesen Sie die Einladung.

Einladung zur Weihnachtsfeier

Liebe Kolleginnen, liebe Kollegen,

Weihnachten steht wieder vor der Tür.

Wir möchten Sie alle ganz herzlich
zu unserer Weihnachtsfeier am
18. Dezember ab 17.00 Uhr einladen.
Die Feier findet in der Kantine statt.

Wir freuen uns auf ein paar nette
Stunden in weihnachtlicher Atmosphäre.

Sabine Keller
Personalabteilung

b) Schreiben Sie Frau Keller eine E-Mail.

Sie möchten gerne zur Weihnachtsfeier kommen, aber Sie haben bis 17.30 Uhr einen Termin mit Frau Kümmel. Sie kommen später.

B4 **Was meinen Sie?**

Kann es bei einer Weihnachtsfeier auch Probleme geben?

B5 Weihnachtsfeiern in der Firma
Hören und lesen Sie den Text.

Jedes Jahr wieder …

Die wichtigste Feier in vielen Firmen ist die Weihnachtsfeier. Jedes Jahr im Dezember sitzen die Kolleginnen und Kollegen zusammen, singen gemeinsam Lieder, tanzen, essen Weih-
5 nachtsgebäck, überreichen kleine Geschenke, reden und trinken reichlich Alkohol. Bei den meisten Beschäftigten[1] ist diese Jahresabschlussfeier sehr beliebt, denn man kann mit der Chefin oder dem Chef mal ein privates
10 Gespräch führen. Außerdem muss man für das Essen und die Getränke nichts bezahlen.

Doch Vorsicht! Karriereberater sehen bei einer Weihnachtsfeier auch Gefahren: Gefahr
15 Nummer eins ist der Alkohol. Zu viel Alkohol macht gesprächig und man hat schnell etwas Negatives über eine Kollegin, einen Kollegen oder die Arbeit gesagt. Das mögen viele Vorgesetzte[2] nicht. Auch mit falschen Gesprächs-
20 themen kann man einen negativen Eindruck machen. Absolut tabu sind Gesprächsthemen wie Gehaltserhöhung oder sehr persönliche Probleme.

Gefahr Nummer zwei ist heftiges Flirten, zum
25 Beispiel mit der netten Kollegin oder dem netten Kollegen. Das finden einige Mitarbeiterinnen oder Mitarbeiter am nächsten Tag unangenehm und das Arbeitsklima ist gestört.

Nun gibt es auch Beschäftigte, die mögen keine
30 Weihnachtsfeier. Sie bleiben lieber zu Hause oder arbeiten. Aber auch das ist schlecht für die Karriere! Diese Menschen gelten oft als unsozial, denn die Weihnachtsfeier ist und bleibt das wichtigste Ereignis in der Firma.

---

1 Beschäftigte = Mitarbeiterinnen und Mitarbeiter
2 Vorgesetzte = Chefinnen und Chefs

B6 Fragen zum Text
Beantworten Sie die Fragen.

1. Wann ist die Weihnachtsfeier? ....

2. Was machen die Mitarbeiterinnen und Mitarbeiter bei einer Weihnachtsfeier? ....

3. Warum ist die Feier so beliebt? ....

B7 Was sagen die Karriereberater?
Kreuzen Sie die richtige Lösung an.

1. a) ☐ Man darf bei einer Weihnachtsfeier nicht zu viel Alkohol trinken.
   b) ☐ Man darf bei einer Weihnachtsfeier gar keinen Alkohol trinken.

2. a) ☐ Man kann bei der Feier mit Kolleginnen und Kollegen über alle privaten Probleme sprechen.
   b) ☐ Man darf nicht über sehr persönliche Probleme sprechen.

3. a) ☐ Man muss nach einer Gehaltserhöhung fragen. Die Feier ist ein guter Moment.
   b) ☐ Man darf nicht nach einer Gehaltserhöhung fragen.

4. a) ☐ Heftiges Flirten ist sehr gut für das Arbeitsklima.
   b) ☐ Heftiges Flirten ist nicht gut für das Arbeitsklima.

5. a) ☐ Man soll aus sozialen Gründen zur Weihnachtsfeier gehen.
   b) ☐ Man kann zu Hause bleiben.

Verben

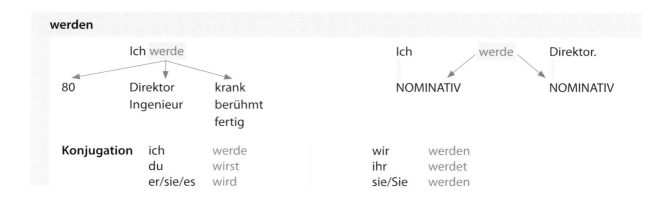

werden

| | Ich **werde** | | | | Ich | **werde** | Direktor. |
| 80 | Direktor
Ingenieur | krank
berühmt
fertig | | | NOMINATIV | | NOMINATIV |

Konjugation	ich	werde		wir	werden
	du	wirst		ihr	werdet
	er/sie/es	wird		sie/Sie	werden

C1　**Bilden Sie Sätze.**

- meine Mutter – nächsten Montag – 60 – werden
  Meine Mutter wird nächsten Montag 60. / Nächsten Montag wird meine Mutter 60.

1. Franziska – sicher – eine berühmte Sängerin – werden

   ....

2. wann – ihr – mit der Arbeit – fertig – werden?

   ....

3. meine Tochter – bald – Ärztin – werden

   ....

4. diese Studenten – später – bestimmt – gute Ingenieure – werden

   ....

5. wer – der neue Abteilungsleiter – werden?

   ....

Verben mit Dativ und Akkusativ

Ich	brauche	ein neues Auto.		Die Jacke	gefällt	mir.
	brauchen				**gefallen**	
NOMINATIV		AKKUSATIV		NOMINATIV		DATIV

Das Verb regiert im Satz.

Ich	kaufe	mir	ein neues Kleid.	Ich	schenke	ihr	ein Buch.
	kaufen				**schenken**		
NOMINATIV		DATIV	AKKUSATIV	NOMINATIV		DATIV	AKKUSATIV

| **Satzbau** | Reihenfolge (oft): | Nominativ | | Dativ | | Akkusativ |
| | | Ich | kaufe | meiner Mutter | | ein Geschenk. |

C2 Bilden Sie möglichst viele Sätze.

Subjekt im Nominativ	Verb	Dativergänzung	Akkusativergänzung
ich	schicken	mir	einen Brief
du	schreiben	dir	eine E-Mail
Frau Kühne	zeigen	Frau Kümmel	eine Postkarte
die Kollegen	kaufen	dem Chef	einen Blumenstrauß
Matthias	schenken	Kathrin	eine neue Tasche
die neue Mitarbeiterin	senden	dem Kollegen	das neue Büro

■ *Ich schicke dir eine Postkarte.* ....

....

....

C3 Formulieren Sie Fragen und antworten Sie.

■ Wem hast du *(Postkarte – schicken)? (mein Freund)*   *Wem hast du die Postkarte geschickt?*
Meinem Freund.

1. Wem hast du *(Flasche Wein, schenken)? (meine Freundin)* ....

2. Wem hast du *(Geschichte, erzählen)? (meine Mutter)* ....

3. Wem hast du *(Blumenstrauß, kaufen)? (meine Oma)* ....

4. Wem hast du *(Foto, zeigen)? (mein Bruder)* ....

5. Wem hast du *(E-Mail, senden)? (mein Chef)* ....

C4 Wiederholen Sie die Modalverben im Präsens.

können	Ich	*kann*	} heute leider nicht kommen.
	Er	....	
	Christiane und Michael	....	
müssen	Mein Chef	....	} noch arbeiten.
	Peter	....	
	Ich	....	
sollen	Der Arzt sagt: Ihr	....	} regelmäßig Sport machen.
	Der Arzt sagt: Frau Krüger	....	
	Der Arzt sagt: Wir	....	
dürfen	Du	....	} hier nicht rauchen.
	Man	....	
	Sie	....	
wollen	Wir	....	} dieses Jahr nach Spanien fahren.
	Mein Bruder	....	
	Meine Freunde	....	
möchte(n)	Wir	....	} ein Zweibettzimmer.
	Ich	....	
	Mein Kollege	....	

C5 Ergänzen Sie die Verben *dürfen, können, müssen, sollen* und *möchte(n)* in der richtigen Form.

■ Im Krankenhaus *dürfen* Sie nicht rauchen.

1. Sie .... diese Tabletten zweimal am Tag einnehmen.

2. Der Arzt hat gesagt, du .... mehr spazieren gehen.

3. Ich .... nicht mehr laufen, mein Bein tut so weh.

4. Hast du Kopfschmerzen? Dann .... du keinen Alkohol trinken.

5. Bei Husten und Schnupfen .... du warme Sachen anziehen und heißen Tee mit Honig trinken, das hilft.

6. Ich .... einen Termin beim Arzt vereinbaren.

7. Meine Mutter meint, ich .... weniger Schokolade essen.

8. Claudia, du .... nächste Woche zum Arzt gehen. Du .... den Termin nicht vergessen.

Präteritum der Modalverben

Präsens	heute/jetzt/im Moment/dieses Jahr …	Paul	kann	nicht kommen.
Präteritum	früher/letztes Jahr/gestern …	Paul	konnte	nicht kommen.

Wie bei *sein* und *haben* benutzt man bei den Modalverben in der Vergangenheit oft das Präteritum.

		können	**müssen**	**dürfen**	**sollen**	**wollen**	**mögen**
Singular	ich	konnte	musste	durfte	sollte	wollte	mochte
	du	konntest	musstest	durftest	solltest	wolltest	mochtest
	er/sie/es	konnte	musste	durfte	sollte	wollte	mochte
Plural	wir	konnten	mussten	durften	sollten	wollten	mochten
	ihr	konntet	musstet	durftet	solltet	wolltet	mochtet
	sie	konnten	mussten	durften	sollten	wollten	mochten
formell	Sie	konnten	mussten	durften	sollten	wollten	mochten

C6 Ergänzen Sie die Modalverben im Präteritum.

Präsens	Präteritum
■ Paul ist krank. Er kann zu der Party nicht kommen.	Paul war krank. Er *konnte* zu der Party nicht kommen.
1. Susanne will heute ins Kino gehen.	Susanne .... gestern ins Kino gehen.
2. Ich habe keinen Führerschein. Ich darf nicht Auto fahren.	Ich hatte keinen Führerschein. Ich .... nicht Auto fahren.
3. Martin muss den Termin absagen.	Martin .... den Termin absagen.
4. Die Sekretärin soll für den Chef einen Tisch reservieren.	Die Sekretärin .... für den Chef einen Tisch reservieren.
5. Ich muss die E-Mail sofort beantworten.	Ich .... die E-Mail sofort beantworten.
6. Rudi kann sehr gut Fußball spielen.	Früher .... Rudi sehr gut Fußball spielen.
7. Auf dem Flughafen darf man nicht mehr rauchen.	Früher .... man auf dem Flughafen rauchen.
8. Claudia hat kein Geld. Sie kann die Rechnung nicht bezahlen.	Claudia hatte kein Geld. Sie .... die Rechnung nicht bezahlen.

Vergangenheitsform der Verben

Regelmäßige Verben

	spielen				eröffnen			
	Präsens	Präteritum	Perfekt		Präsens	Präteritum	Perfekt	
ich	spiele	spielte	habe	gespielt	eröffne	eröffnete	habe	eröffnet
du	spielst	spieltest	hast	gespielt	eröffnest	eröffnetest	hast	eröffnet
er/sie/es	spielt	spielte	hat	gespielt	eröffnet	eröffnete	hat	eröffnet
wir	spielen	spielten	haben	gespielt	eröffnen	eröffneten	haben	eröffnet
ihr	spielt	spieltet	habt	gespielt	eröffnet	eröffnetet	habt	eröffnet
sie	spielen	spielten	haben	gespielt	eröffnen	eröffneten	haben	eröffnet
Sie	spielen	spielten	haben	gespielt	eröffnen	eröffneten	haben	eröffnet

Unregelmäßige Verben

					verlieren			
					Präsens	Präteritum	Perfekt	
ich	fliege	flog	bin	geflogen	verliere	verlor	habe	verloren
du	fliegst	flogst	bist	geflogen	verlierst	verlorst	hast	verloren
er/sie/es	fliegt	flog	ist	geflogen	verliert	verlor	hat	verloren
wir	fliegen	flogen	sind	geflogen	verlieren	verloren	haben	verloren
ihr	fliegt	flogt	seid	geflogen	verliert	verlort	habt	verloren
sie	fliegen	flogen	sind	geflogen	verlieren	verloren	haben	verloren
Sie	fliegen	flogen	sind	geflogen	verlieren	verloren	haben	verloren

Verwendung: Perfekt: eher mündlich, Präteritum: eher schriftlich

C7 Schreiben Sie den Reisebericht von Marie im Perfekt.

- ich – in London – gestern – gut ankommen
1. zuerst – ich – mit der Metro – ins Stadtzentrum – fahren
2. das – ungefähr 45 Minuten – dauern
3. dann – ich – das Hotel – suchen
4. nach 20 Minuten – ich – es – finden
5. gestern Abend – ich – mit Christian – das Musical „Das Phantom der Oper" – sehen
6. danach – wir – in einem indischen Restaurant – essen
7. heute früh – wir – den „Tower" – besichtigen – und – eine Bootsfahrt – machen
8. die Bootsfahrt – uns – sehr gut – gefallen

Hallo Otto,
ich bin gestern gut in London angekommen. ....
....
....
....
....

Es ist ganz toll hier. Ich rufe dich bald an.
Liebe Grüße von Marie

C8 **Was ist passiert? Berichten Sie im Perfekt.**

- Karl wohnte von 1988 bis 2005 in Köln.   *Karl hat von 1988 bis 2005 in Köln gewohnt.*
1. Er arbeitete als Finanzberater bei einer Bank.   ....
2. Er vereinbarte viele Termine.   ....
3. In der Bank führte er Gespräche.   ....
4. Er schrieb täglich 50 E-Mails.   ....
5. Am Wochenende spielte er Golf.   ....
6. Am 5. Mai 2019 gewann Karl bei einem Turnier.   ....
7. Im Juli kaufte er ein rotes Cabrio.   ....
8. Im Sommer fuhr er mit dem Cabrio nach Spanien.   ....
9. In Spanien trank er viel Wein.   ....
10. Karl besuchte ein Museum für moderne Kunst in Madrid.   ....
11. Dort traf er Antonia.   ....
12. Im Januar heiratete er seine spanische Freundin.   ....

C9 **Bilden Sie Fragen im Perfekt wie im Beispiel. Achten Sie auf den Kasus.**

- der Brief – übersetzen   *Hast du den Brief schon übersetzt?*
1. die E-Mail – beantworten   ....
2. der Termin – absagen   ....
3. die Rechnung – bezahlen   ....
4. ein Termin – beim Arzt – vereinbaren   ....
5. der Tisch – reservieren   ....
6. die Hausaufgaben – machen   ....
7. die Tabletten – einnehmen   ....
8. Oma – das Foto – zeigen   ....
9. Otto – die Geschichte – erzählen   ....
10. deine Mutter – die Handtasche – schenken   ....

C10 **Welche Präposition passt? Kreuzen Sie die richtige Lösung an.**

Präpositionen

mit/von/zu + Dativ
für + Akkusativ

- Der FC Bayern München gewann ☒ mit ☐ für ☐ zu 2:0.
1. Heute ist der 80. Geburtstag ☐ von ☐ mit ☐ zu Oma.
2. Alles Gute ☐ zum ☐ zur ☐ mit Hochzeit!
3. Ich gratuliere dir ☐ mit ☐ zur ☐ zum Geburtstag.
4. Ich schenke Lisa einen Korb ☐ für ☐ zu ☐ mit frischem Obst.
5. Ich habe diese schönen Blumen ☐ von ☐ für ☐ mit meinem Freund bekommen.
6. Ich danke dir ☐ von ☐ zur ☐ für die Einladung.
7. Du bist krank. Du musst ☐ zum ☐ zur ☐ für Arzt gehen.
8. Sie dürfen nicht ☐ für ☐ mit ☐ zum dem Auto fahren.
9. Paul musste ☐ mit ☐ von ☐ für seine Frau Essen kochen.
10. Ich kann leider nicht ☐ zum ☐ zu ☐ mit deiner Party kommen.
11. Nehmen Sie die Tabletten nicht ☐ für ☐ zur ☐ mit Milch ein!
12. Wir finden eine Lösung ☐ von ☐ für ☐ mit das Problem.

Rückblick

D1 **Wichtige Redemittel**
Hören Sie die Redemittel. Sprechen Sie die Wendungen nach und übersetzen Sie sie in Ihre Muttersprache.

Zweisprachige Redemittellisten finden Sie hier: www.schubert-verlag.de/wortschatz

Deutsch	Ihre Muttersprache

Gute Wünsche

Herzlichen Glückwunsch zum Geburtstag! ....

Zur Hochzeit alle guten Wünsche! ....

Zur Beförderung alles Gute! ....

Viel Glück in der neuen Wohnung! ....

Ich gratuliere dir zum Führerschein. ....

Ich wünsche dir gute Besserung. ....

Vielen Dank für die Einladung. ....

Ich komme gern. ....

Leider kann ich nicht zu deiner Feier kommen. ....

Ich hoffe, du verzeihst mir. ....

Gesundheit

Was haben Sie für Beschwerden? ....

Ich habe Kopfschmerzen. ....

Mir tut mein Arm weh. ....

Ich habe Husten, Schnupfen und Fieber. ....

Ich muss zum Arzt gehen. ....

Ich möchte einen Termin beim Arzt vereinbaren. ....

Sie müssen eine Schmerztablette einnehmen. ....

Sie dürfen keinen Alkohol trinken. ....

Mein Arzt sagt, ich soll viel spazieren gehen. ....

Redemittel aus Nachrichten

Der Bürgermeister eröffnete eine Ausstellung. ....

Ärzte protestierten gegen schlechte Arbeitsbedingungen. ....

Sie forderten mehr Gehalt. ....

Die Außenministerin traf ....
     ihre französische Amtskollegin in Paris.

Die Ministerinnen führten Gespräche. ....

Sie lobten die gute Zusammenarbeit. ....

Forscher berichteten über singende Mäuse. ....

Der neue Film hat Premiere. ....

In der Europa League spielten zwei deutsche Mannschaften. ....

Der FC Schalke gewann gegen Galatasaray Istanbul. ....

Eintracht Frankfurt verlor mit 0:3. ....

D2 Kleines Wörterbuch der Verben

werden	ich werde	du wirst	er/sie wird
	wir werden	ihr werdet	sie werden

aufnehmen	Die Forscher nehmen die Töne auf.		

ausscheiden	Die Fußballmannschaft scheidet aus dem Wettkampf aus.		

berichten	ich berichte	du berichtest	er/sie berichtet
(über etwas berichten)	wir berichten	ihr berichtet	sie berichten

bestehen	ich bestehe	du bestehst	er/sie besteht
(eine Prüfung bestehen)	wir bestehen	ihr besteht	sie bestehen

drehen	Der Regisseur dreht einen Film.		

einladen	ich lade ein	du lädst ein	er/sie lädt ein
(zur Party einladen)	wir laden ein	ihr ladet ein	sie laden ein

einnehmen	ich nehme ein	du nimmst ein	er/sie nimmt ein
(eine Tablette einnehmen)	wir nehmen ein	ihr nehmt ein	sie nehmen ein

eröffnen	ich eröffne	du eröffnest	er/sie eröffnet
(eine Ausstellung eröffnen)	wir eröffnen	ihr eröffnet	sie eröffnen

flirten	ich flirte	du flirtest	er/sie flirtet
(mit einer Kollegin flirten)	wir flirten	ihr flirtet	sie flirten

fordern	ich fordere	du forderst	er/sie fordert
(mehr Gehalt fordern)	wir fordern	ihr fordert	sie fordern

freuen	Wir freuen uns auf ein schönes Fest.		

gewinnen	ich gewinne	du gewinnst	er/sie gewinnt
	wir gewinnen	ihr gewinnt	sie gewinnen

gratulieren	ich gratuliere	du gratulierst	er/sie gratuliert
(zum Geburtstag gratulieren)	wir gratulieren	ihr gratuliert	sie gratulieren

heiraten	ich heirate	du heiratest	er/sie heiratet
	wir heiraten	ihr heiratet	sie heiraten

hoffen	ich hoffe	du hoffst	er/sie hofft
(auf viele Käufer hoffen)	wir hoffen	ihr hofft	sie hoffen

loben	ich lobe	du lobst	er/sie lobt
(die gute Zusammenarbeit loben)	wir loben	ihr lobt	sie loben

protestieren	ich protestiere	du protestierst	er/sie protestiert
(gegen … protestieren)	wir protestieren	ihr protestiert	sie protestieren

schenken	ich schenke	du schenkst	er/sie schenkt
(Peter ein Buch schenken)	wir schenken	ihr schenkt	sie schenken

signalisieren	Die Krankenhausführung signalisiert Gesprächsbereitschaft.		

stattfinden	Die Feier findet statt.		

überreichen	ich überreiche	du überreichst	er/sie überreicht
(ein Geschenk überreichen)	wir überreichen	ihr überreicht	sie überreichen

verarbeiten	Die Forscher verarbeiten die Töne.		

verlieren	ich verliere	du verlierst	er/sie verliert
(ein Fußballspiel verlieren)	wir verlieren	ihr verliert	sie verlieren
verzeihen	ich verzeihe	du verzeihst	er/sie verzeiht
	wir verzeihen	ihr verzeiht	sie verzeihen
wehtun	Das Bein tut mir weh.		
wünschen	ich wünsche	du wünschst	er/sie wünscht
(Karl viel Erfolg wünschen)	wir wünschen	ihr wünscht	sie wünschen
zeigen	ich zeige	du zeigst	er/sie zeigt
(neue Produkte zeigen)	wir zeigen	ihr zeigt	sie zeigen

D3 **Evaluation**
Überprüfen Sie sich selbst.

Ich kann	gut	nicht so gut
Ich kann eine Einladung annehmen oder absagen.	☐	☐
Ich kann gute Wünsche formulieren.	☐	☐
Ich kann die wichtigsten Körperteile nennen.	☐	☐
Ich kann einen Termin beim Arzt vereinbaren.	☐	☐
Ich kann einfache Ratschläge zum Thema Gesundheit geben.	☐	☐
Ich kann einige einfache Nachrichten verstehen.	☐	☐
Ich kann etwas über Feiertage und das Feiern in meinem Heimatland erzählen. *(fakultativ)*	☐	☐
Ich kann einen einfachen Text über Weihnachtsfeiern verstehen. *(fakultativ)*	☐	☐

Anhang

Anhang

1 Übungstest zur Prüfungsvorbereitung

2 Wichtige Redemittel für den Unterricht

3 Grammatik-Übersichten

4 Unregelmäßige Verben im Perfekt

5 Lösungen

Übungstest zur Prüfungsvorbereitung

Dieser Übungstest besteht aus den Modulen **Hören** (20 Minuten), **Lesen** (25 Minuten), **Schreiben** (20 Minuten) und **Sprechen** (15 Minuten). Er orientiert sich an der Prüfung *Goethe-Zertifikat A1*.

Hören

Diese Einheit besteht aus drei Teilen und dauert ungefähr 20 Minuten.

Hören Teil 1

Gespräche: Sie hören kurze Gespräche und müssen entscheiden: Welche Antwort ist richtig?
Sie hören jeden Dialog zweimal.

2.49

1. Warum möchte der Mann die Telefonnummer von Frau Weber?

   a) ☐ Er muss einen Termin absagen.
   b) ☐ Er möchte sein Marketingkonzept präsentieren.
   c) ☐ Er möchte sie treffen.

2. Wie ist die Zimmernummer von Herrn Schrader?

   a) ☐ Zimmer 831
   b) ☐ Zimmer 381
   c) ☐ Zimmer 183

3. Wann will der Anrufer in den James-Bond-Film gehen?

   a) ☐ 17.30 Uhr
   b) ☐ 20.30 Uhr
   c) ☐ 19.30 Uhr

4. In welchem Stock arbeitet Frau Fischer?

   a) ☐ im zweiten Stock
   b) ☐ im achten Stock
   c) ☐ im zehnten Stock

5. Was kosten die normalen Birnen?

   a) ☐ 2,60 Euro
   b) ☐ 3,00 Euro
   c) ☐ 3,25 Euro

6. Wo ist die Apotheke?

   a) ☐ an der Kreuzung
   b) ☐ in der Beethovenstraße auf der rechten Seite
   c) ☐ in der Beethovenstraße auf der linken Seite

Hören Teil 2

Mitteilungen: Sie hören kurze Mitteilungen (diverse Meldungen, Werbungen oder Durchsagen).
Sie müssen entscheiden: Ist der Satz richtig oder falsch? Sie hören jeden Text nur einmal.

2.50

	richtig	falsch
7. Der Zug nach Hamburg kommt nicht pünktlich an.	☐	☐
8. Der Besitzer des Volkswagens soll zum Ausgang kommen.	☐	☐
9. Am Vormittag ist das Wetter schön.	☐	☐
10. In der Herrenabteilung kosten jetzt alle Hemden nur 29 Euro.	☐	☐

Hören Teil 3

Telefonische Mitteilungen: In dieser Aufgabe hören Sie kurze telefonische Mitteilungen. Was ist richtig? Kreuzen Sie an. Sie hören diese Texte zweimal.

11. Um wie viel Uhr schließt das Reisebüro?

a) ☐ halb vier   b) ☐ halb fünf   c) ☐ halb sechs

12. Was ist das Problem bei der Tischreservierung?

a) ☐ Am Freitagabend ist kein Tisch mehr frei.   b) ☐ Das Restaurant ist geschlossen.   c) ☐ Es gibt nur noch einen Tisch für vier Personen.

13. An welchem Tag ist das Fußballspiel?

a) ☐ am Freitag   b) ☐ am Samstag   c) ☐ am Sonntag

14. Was muss Carsten kaufen?

a) ☐ Obst und Wein   b) ☐ Obst und Brot   c) ☐ Wein und Brot

15. Wohin kann Steffi nicht gehen?

a) ☐ ins Theater   b) ☐ in ein Geschäft   c) ☐ in ein Konzert

Lesen

Diese Einheit besteht aus drei Teilen und dauert ungefähr 25 Minuten.

Lesen Teil 1

Texte lesen: Sie lesen zwei kurze Texte (E-Mails, Anzeigen, Notizen). Dann müssen Sie entscheiden: Habe ich das gelesen oder nicht? Ist der Satz richtig oder falsch? Zu den zwei Texten bekommen Sie insgesamt fünf Fragen.

---

1   Neue Nachricht   _ ☐ ✕

| **Von:** | \<Nikolas> | | **An:** | \<Bernard> |
| **Betreff:** | Einladung Party | | | |

Hallo Bernard,

vielen Dank für die Einladung zu deiner Party. Es tut mir wirklich leid, aber ich kann nicht kommen. Meine Mutter hat an diesem Tag Geburtstag und ich möchte natürlich mit ihr feiern. (Ich habe ihr eine neue Handtasche gekauft. Sie braucht mal eine neue Tasche. Die alte hat sie schon 20 Jahre!)
Auf deine nächste Party komme ich ganz bestimmt!

Dein Nikolas

Senden   A 📎 ☺ 🖼   🗑 ☰

---

	richtig	falsch
1. Nikolas möchte auf die Party von Bernard gehen.	☐	☐
2. Nikolas hat das Geschenk für seine Mutter schon gekauft.	☐	☐

2 **Neue Nachricht**   _ ▢ ✕

Von: \<Silvia Reinhardt\>   **An:**   \<Frau Kluge\>

Betreff: Anzeige Babysitterin

Sehr geehrte Frau Kluge,

ich habe Ihre Anzeige in der Zeitung gelesen.
Ich glaube, ich bin die ideale Babysitterin für Ihre sechsjährige Tochter.
Ich bin Studentin und betreue seit drei Jahren regelmäßig Kinder. Die Eltern waren mit mir immer sehr zufrieden. Ich mag Kinder sehr und ich spiele gern mit ihnen. Ich kann Ihrer Tochter auch bei den Hausaufgaben helfen. Ich bin sehr flexibel. Ich arbeite auch am Wochenende.
Für weitere Informationen können Sie mich telefonisch unter 0173 4205874 nach 18.00 Uhr immer erreichen.

Mit freundlichen Grüßen
Silvia Reinhardt

Senden   A 📎 ☺ 🖼   🗑 ☰

	richtig	falsch
3. Silvia arbeitet schon seit drei Jahren als Babysitterin.	▢	▢
4. Frau Kluge kann Silvia nur abends anrufen.	▢	▢
5. Silvia arbeitet sonntags nicht.	▢	▢

Lesen Teil 2

Informationen finden: Sie brauchen eine bestimmte Information. Sie lesen dazu zwei kurze Texte. Sie müssen entscheiden: Finde ich die Information an Internet-Adresse a) oder b)?

6. Sie möchten das Kinoprogramm von Dortmund sehen.

a)
www.kino_dortmund.de
Was läuft heute Abend?
- Waldkino
- Marlene-Dietrich-Filmtheater
- UFA-Filmpalast

b)
www.dortmund_kultur.de
Kulturprogramme in Dortmund
Buchen Sie Ihre Eintrittskarte online:
- Kartenbestellung: Kino
- Kartenbestellung: Konzert
- Kinokritik

7. Sie möchten ein Haus in Frankreich kaufen. Wo finden Sie Informationen?

a)
www.immobilien-express.de
Suchen Sie ein schönes Haus?
Wir helfen Ihnen!
- Häuser in Berlin und Umgebung
- Häuser an der Ostsee
- Kontakt

b)
www.schoen_wohnen.com
Häuser und Wohnungen in Deutschland und im Ausland
- Unser Angebot (mit Fotos)
- Über uns
- Kontakt

8. Sie möchten im Herbst einen Spanischkurs besuchen.

a)
www.spanisch-lernen.info
Spanischkurse für Anfänger und Fort-geschrittene über das ganze Jahr!
- Unsere Kurse
- Unsere Preise
- Lehrbücher

b)
www.schnell_lernen.com
Spanisch, Englisch oder Französisch in 12 Wochen? Ja! Hier ist das möglich!
- Einstufungstests
- Preise und Anmeldung
(Kurse nur von Mai bis August)

9. Sie möchten am Wochenende mit dem Zug von Frankfurt nach Berlin fahren.

a)
www.diebahn.de

Mit der Deutschen Bahn sind Sie immer
pünktlich am Ziel!
- Fahrzeiten und Preise
- Neue Zugverbindungen
- Wochenendangebote

b)
www.verkehrsinfo.berlin.de

Verkehr in Berlin und Umgebung
- Allgemeine Informationen
- Fahrpläne
- Störungen
- Kontakt

10. Sie suchen nach Informationen über Hotels in Stuttgart.

a)
www.stuttgart_online.de

Stuttgart online
- Stadtgeschichte
- Sehenswürdigkeiten
- Übernachtungsmöglichkeiten

b)
www.reisefuehrer-stuttgart.de

Stuttgart erleben – am besten mit uns!
- Stadtbesichtigung mit Reiseführer
- Eine Führung buchen
- Kunst und Kultur

Lesen Teil 3

Mitteilungen lesen: In dieser Aufgabe lesen Sie kurze Mitteilungen.
Sie müssen entscheiden: Steht die Information im Text oder nicht? Ist der Satz richtig oder falsch?

	richtig	falsch
11. Das Restaurant öffnet am 1. September wieder.	☐	☐
12. Für die erste Gitarrenstunde muss man nicht bezahlen.	☐	☐
13. Heute Abend gibt es keine Vorstellung von „Romeo und Julia".	☐	☐
14. Im Flugzeug darf man mit dem Handy nicht telefonieren.	☐	☐
15. Diese Wohnung kann man ab 1. Februar kaufen.	☐	☐

Unser Restaurant ist
wegen Urlaub
vom 12. bis 31. August
geschlossen.

AUSVERKAUFT

**Für die heutige
Theatervorstellung
von Romeo und Julia
sind leider alle Karten ausverkauft.**

Achtung! Im Flugzeug ist das
Benutzen von Handys verboten.

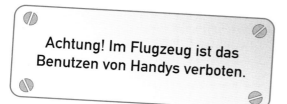

Gebe Gitarrenunterricht,
Individual– und Gruppenkurse.
Flexible Unterrichtszeiten.
Preise: ab 20 Euro pro Unterrichtsstunde.
Die erste Stunde kostet nichts.

ZU VERMIETEN AB 1. FEBRUAR:

3-Zimmer-Wohnung, Balkon,
Tiefgarage, Innenstadt

Schreiben

Diese Einheit besteht aus zwei Teilen und dauert ungefähr 20 Minuten.

Schreiben Teil 1

Ein Formular ausfüllen: In diesem Teil müssen Sie ein Formular im Namen einer anderen Person ausfüllen.

Beispiel: Klaus Hentschel wohnt in Leipzig. Er und seine Frau fahren jeden Sonntag zu ihren Kindern nach Dresden. Sie nehmen den Zug. Schreiben Sie die fehlenden Informationen ins Formular.

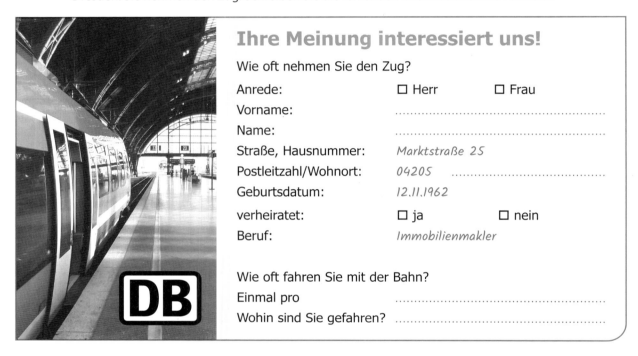

Ihre Meinung interessiert uns!

Wie oft nehmen Sie den Zug?

Anrede:	☐ Herr	☐ Frau
Vorname:	....	
Name:	....	
Straße, Hausnummer:	*Marktstraße 25*	
Postleitzahl/Wohnort:	*04205*	
Geburtsdatum:	*12.11.1962*	
verheiratet:	☐ ja	☐ nein
Beruf:	*Immobilienmakler*	

Wie oft fahren Sie mit der Bahn?

Einmal pro ....

Wohin sind Sie gefahren? ....

Schreiben Teil 2

Eine E-Mail schreiben: Jetzt müssen Sie eine kurze E-Mail schreiben.
Sie müssen nach Informationen fragen oder auf eine E-Mail reagieren.

Neue Nachricht _ □ ✕

Von: An:

Betreff:

Beispiel: Sie möchten das Museum für Moderne Kunst in Düsseldorf besuchen.
Die Museums-Website funktioniert nicht, aber Sie brauchen noch einige Informationen.

Schreiben Sie eine E-Mail an die Kontaktperson im Museum. Sie heißt Helga Wagner.

Inhalt: Sie kommen im Februar für ein Wochenende nach Düsseldorf.
Fragen Sie nach den Öffnungszeiten.
Fragen Sie nach den Eintrittspreisen.
Vergessen Sie die Anrede- und die Abschiedsformel nicht.

Senden   A 🖉 ☺ 🖼   🗑 ≡

Sprechen

Diese Einheit besteht aus drei Teilenn und dauert ungefähr 15 Minuten.

Sprechen Teil 1

Zusammenhängend sprechen: In dieser Aufgabe müssen Sie etwas über sich erzählen.

Diese sieben Wörter bekommen Sie in der Prüfung:
Name? ▪ Alter? ▪ Land? ▪ Wohnort? ▪ Sprachen? ▪ Beruf? ▪ Hobby?

Am Ende müssen Sie etwas buchstabieren (z. B. Ihren Namen oder Wohnort) und
eine Nummer (z. B. Hausnummer oder Handynummer) geben.

Sprechen Teil 2

Fragen und Antworten formulieren: Sie müssen zu zwei verschiedenen Themen Fragen und
Antworten formulieren.

Beispiel: Ihr erstes Thema ist *Wohnen*.

Sie haben die Karte mit dem Wort *Adresse* darauf. Sie können zum Beispiel fragen: *Wie ist Ihre Adresse?*
Die nächste Person beantwortet diese Frage: *Meine Adresse ist …/Ich wohne in …*

Später bekommen Sie auch eine Frage zu einem anderen Wort.

WOHNEN 1

Balkon

WOHNEN 2

Zimmer

WOHNEN 3

Küche

WOHNEN 4

Adresse

WOHNEN 5

Garten

WOHNEN 6

Personen

Beispiel: Ihr zweites Thema ist *Freizeit*.

Diesmal bekommen Sie eine Karte mit einer Zeichnung. Sie haben Karte 1.

Sie fragen:
Wie oft spielen Sie Fußball?/Spielen Sie gern Fußball?/Machen Sie Sport?

Die nächste Person beantwortet Ihre Frage.

Sie sagt zum Beispiel:
Dreimal pro Woche./Ja, sehr gerne./Nein, ich mache keinen Sport.

Später bekommen Sie auch eine Frage zu einem anderen Bild.

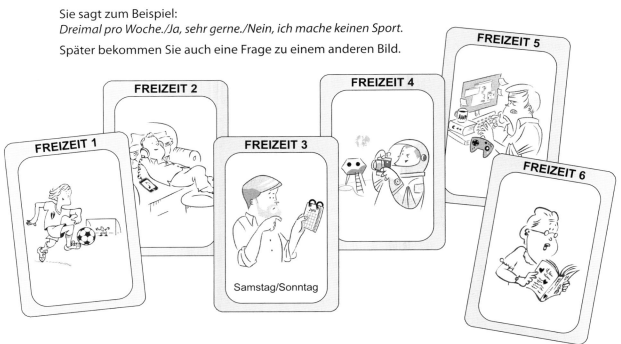

Sprechen Teil 3

Bitten formulieren und darauf reagieren: In diesem Teil bekommen Sie wieder eine Karte mit einer Zeichnung. Sie müssen eine passende Bitte formulieren. Danach müssen Sie auf eine andere Bitte reagieren.

Beispiel: Sie bekommen Karte 1 mit der Uhr.

Sie können sagen:
Wie spät ist es bitte?

Die nächste Person beantwortet Ihre Bitte:
Es ist 5 vor 9. oder: *Es tut mir leid, ich habe keine Uhr.*

Später müssen Sie auf eine andere Bitte reagieren.

Wichtige Redemittel für den Unterricht

Übersetzen Sie die Redemittel in Ihre Muttersprache.

Zweisprachige Redemittellisten finden Sie hier: www.schubert-verlag.de/wortschatz

Deutsch	Ihre Muttersprache
Instruktionen im Deutschkurs	
Antworten Sie.	....
Beantworten Sie die Frage.	....
Berichten Sie.	....
Bilden Sie Sätze.	....
Diskutieren Sie mit Ihrer Nachbarin/Ihrem Nachbarn.	....
Ergänzen Sie.	....
Fragen Sie Ihre Nachbarin/Ihren Nachbarn.	....
Hören Sie das Gespräch/den Dialog.	....
Kombinieren Sie.	....
Kreuzen Sie an.	....
Lesen Sie den Text.	....
Markieren Sie.	....
Ordnen Sie zu.	....
Schreiben Sie einen Text/eine E-Mail …	....
Spielen Sie Dialoge.	....
Sprechen Sie nach.	....
Wiederholen Sie.	....
Man versteht/weiß etwas nicht	
Wie sagt man … auf Deutsch?	....
Ich verstehe (das/dich/Sie) nicht.	....
Wie bitte?	....
Kannst du/Können Sie das noch einmal wiederholen?	....
Sprechen Sie bitte langsam(er)./Sprich bitte langsam(er).	....
Ich habe eine Frage.	....
Darf ich (dich/Sie) etwas fragen?	....
Weißt du das?/Wissen Sie das?	....
Nach der Meinung fragen	
Was denkst du?/Was denken Sie?	....
Was meinst du?/Was meinen Sie?	....
Wie findest du das?/Wie finden Sie das?	....

Deutsch	Ihre Muttersprache
Die Meinung sagen	
Ich denke, …/Ich glaube, …	....
Ich weiß es nicht./Ich habe keine Ahnung.	....
Ich bin (nicht) sicher.	....
(Ja,) das ist richtig./Das stimmt./Das glaube ich auch.	....
(Nein,) das ist falsch./Das stimmt nicht.	....
Das glaube ich nicht.	....
Du hast recht./Sie haben recht.	....
Das finde ich (nicht so) gut/toll/schön/wichtig.	....
Und du/Sie?	....
Ich auch./Ich nicht./Ich schon.	....
Ich mag …	....
Ich möchte lieber …	....

Grammatik in Übersichten

Nomengruppe

	Singular — maskulin			Singular — feminin			Singular — neutral			Plural		
Nominativ	der		Tisch									
	der	große	Tisch									
	ein		Tisch									
	ein	großer	Tisch	die		Lampe	das		Telefon	die		Bücher
	kein	großer	Tisch	die	helle	Lampe	das	alte	Telefon	die	alten	Bücher
	mein	großer	Tisch	eine		Lampe	ein		Telefon			Bücher
Akkusativ	den		Tisch									
	den	großen	Tisch									
	einen		Tisch	eine	helle	Lampe	ein	altes	Telefon		alte	Bücher
	einen	großen	Tisch	keine	helle	Lampe	kein	altes	Telefon	keine	alten	Bücher
	keinen	großen	Tisch	meine	helle	Lampe	mein	altes	Telefon	meine	alten	Bücher
	meinen	großen	Tisch									
Dativ	dem		Tisch	der		Lampe	dem		Telefon	den		Büchern
	dem	großen	Tisch	der	hellen	Lampe	dem	alten	Telefon	den	alten	Büchern
	einem		Tisch	einer		Lampe	einem		Telefon			Büchern
	einem	großen	Tisch	einer	hellen	Lampe	einem	alten	Telefon		alten	Büchern
	keinem	großen	Tisch	keiner	hellen	Lampe	keinem	alten	Telefon	keinen	alten	Büchern
	meinem	großen	Tisch	meiner	hellen	Lampe	meinem	alten	Telefon	meinen	alten	Büchern

Artikel

Artikel	Singular — maskulin	Singular — feminin	Singular — neutral	Plural
bestimmter Artikel	der Tisch	die Lampe	das Telefon	die Bücher
unbestimmter Artikel	ein Tisch	eine Lampe	ein Telefon	Bücher
negativer Artikel	kein Tisch	keine Lampe	kein Telefon	keine Bücher
Possessivartikel	mein Tisch	meine Lampe	mein Telefon	meine Bücher
Demonstrativartikel	dieser Tisch	diese Lampe	dieses Telefon	diese Bücher

Possessivartikel

	Pronomen	Singular — maskulin	Singular — feminin	Singular — neutral	Plural
Singular	ich und	mein Vater	meine Mutter	mein Kind	meine Freunde
	du und	dein Vater	deine Mutter	dein Kind	deine Freunde
	er/sie und	sein Vater	seine Mutter	sein Kind	seine Freunde
	sie und	ihr Vater	ihre Mutter	ihr Kind	ihre Freunde
Plural	wir und	unser Vater	unsere Mutter	unser Kind	unsere Freunde
	ihr und	euer Vater	eure Mutter	euer Kind	eure Freunde
	sie und	ihr Vater	ihre Mutter	ihr Kind	ihre Freunde
formell	Sie und	Ihr Vater	Ihre Mutter	Ihr Kind	Ihre Freunde

Plural der Nomen

	Endung im Plural				
	---	**-e**	**-er**	**-(e)n**	**-s**
	(das Messer) die Messer	(das Telefon) die Telefone	(das Bild) die Bilder	(der Mensch) die Menschen	(das Büro) die Büros
	(der Computer) die Computer	(der Tisch) die Tische	(das Kind) die Kinder	(die Banane) die Bananen	(das Hobby) die Hobbys
mit Umlaut	(der Mantel) die Mäntel	(der Baum) die Bäume	(das Glas) die Gläser		

Personalpronomen

		Nominativ	**Akkusativ**	**Dativ**
Singular	1. Person	ich	mich	mir
	2. Person	du	dich	dir
	3. Person	er sie es	ihn sie es	ihm ihr ihm
Plural	1. Person	wir	uns	uns
	2. Person	ihr	euch	euch
	3. Person	sie	sie	ihnen
formell		Sie	Sie	Ihnen

Verben: Konjugation im Präsens

Regelmäßige Verben

			lernen	**arbeiten**
Singular	1. Person	ich	lern -e	arbeit -e
	2. Person	du	lern -st	arbeit -est
	3. Person	er sie es	lern -t	arbeit -et
Plural	1. Person	wir	lern -en	arbeit -en
	2. Person	ihr	lern -t	arbeit -et
	3. Person	sie	lern -en	arbeit -en
formell		Sie	lern -en	arbeit -en

Unregelmäßige Verben

fahren	**geben**	**lesen**	**nehmen**
fahr -e	geb -e	les -e	nehm -e
fähr -st	gib -st	lies -t	nimm -st
fähr -t	gib -t	lies -t	nimm -t
fahr -en	geb -en	les -en	nehm -en
fahr -t	geb -t	les -t	nehm -t
fahr -en	geb -en	les -en	nehm -en
fahr -en	geb -en	les -en	nehm -en

Haben, sein und *werden*

	haben	sein	werden
ich	habe	bin	werde
du	hast	bist	wirst
er/sie/es	hat	ist	wird
wir	haben	sind	werden
ihr	habt	seid	werdet
sie	haben	sind	werden
Sie	haben	sind	werden

Modalverben und *möchte(n)*

	können	müssen	sollen	wollen	dürfen	mögen	möchte(n)
ich	kann	muss	soll	will	darf	mag	möchte
du	kannst	musst	sollst	willst	darfst	magst	möchtest
er/sie/es	kann	muss	soll	will	darf	mag	möchte
wir	können	müssen	sollen	wollen	dürfen	mögen	möchten
ihr	könnt	müsst	sollt	wollt	dürft	mögt	möchtet
sie	können	müssen	sollen	wollen	dürfen	mögen	möchtest
Sie	können	müssen	sollen	wollen	dürfen	mögen	möchten

Verben mit Präfix

nicht trennbare Verben	Verben mit *unter-* und *über-*	trennbare Verben
Das Präfix ist kein Wort, es kann nicht alleine stehen.	Verben mit *unter-* und *über-* sind oft nicht trennbar, in einigen wenigen Fällen kann man das Präfix trennen.	Das Präfix ist z. B. eine Präposition oder ein Adverb.
beginnen: ich beginne erwarten: ich erwarte vereinbaren: ich vereinbare	unterrichten: ich unterrichte übersetzen: ich übersetze	anfangen: ich fange an aufstehen: ich stehe auf ausschalten: ich schalte aus einkaufen: ich kaufe ein fernsehen: ich sehe fern

Verben: Imperativ

	kommen	nehmen	fahren	anfangen
du	Komm!	Nimm!	Fahr!	Fang an!
ihr	Kommt!	Nehmt!	Fahrt!	Fangt an!
Sie	Kommen Sie!	Nehmen Sie!	Fahren Sie!	Fangen Sie an!

Verben: Perfekt

Regelmäßige Verben

			Verben mit Präfix				Verben auf *-ieren*	
			trennbare Verben		nicht trennbare Verben			
ich	bin	gelandet	habe	eingekauft	habe	übersetzt	habe	studiert
du	bist	gelandet	hast	eingekauft	hast	übersetzt	hast	studiert
er/sie/es	ist	gelandet	hat	eingekauft	hat	übersetzt	hat	studiert
wir	sind	gelandet	haben	eingekauft	haben	übersetzt	haben	studiert
ihr	seid	gelandet	habt	eingekauft	habt	übersetzt	habt	studiert
sie	sind	gelandet	haben	eingekauft	haben	übersetzt	haben	studiert
Sie	sind	gelandet	haben	eingekauft	haben	übersetzt	haben	studiert

Unregelmäßige Verben

			Verben mit Präfix			
			trennbare Verben		nicht trennbare Verben	
ich	bin	gefahren	habe	angerufen	habe	begonnen
du	bist	gefahren	hast	angerufen	hast	begonnen
er/sie/es	ist	gefahren	hat	angerufen	hat	begonnen
wir	sind	gefahren	haben	angerufen	haben	begonnen
ihr	seid	gefahren	habt	angerufen	habt	begonnen
sie	sind	gefahren	haben	angerufen	haben	begonnen
Sie	sind	gefahren	haben	angerufen	haben	begonnen

Verben: Präteritum

Regelmäßige Verben

	lernen	**arbeiten**	**spielen**	**eröffnen**
ich	lernte	arbeitete	spielte	eröffnete
du	lerntest	arbeitetest	spieltest	eröffnetest
er/sie/es	lernte	arbeitete	spielte	eröffnete
wir	lernten	arbeiteten	spielten	eröffneten
ihr	lerntet	arbeitetet	spieltet	eröffnetet
sie	lernten	arbeiteten	spielten	eröffneten
Sie	lernten	arbeiteten	spielten	eröffneten

Unregelmäßige Verben

	fahren	**geben**	**fliegen**	**verlieren**
ich	fuhr	gab	flog	verlor
du	fuhrst	gabst	flogst	verlorst
er/sie/es	fuhr	gab	flog	verlor
wir	fuhren	gaben	flogen	verloren
ihr	fuhrt	gabt	flogt	verlort
sie	fuhren	gaben	flogen	verloren
Sie	fuhren	gaben	flogen	verloren

Haben und *sein*

	haben	**sein**
ich	hatte	war
du	hattest	warst
er/sie/es	hatte	war
wir	hatten	waren
ihr	hattet	wart
sie	hatten	waren
Sie	hatten	waren

Modalverben

	können	**müssen**	**sollen**	**wollen**	**dürfen**	**mögen**
ich	konnte	musste	sollte	wollte	durfte	mochte
du	konntest	musstest	solltest	wolltest	durftest	mochtest
er/sie/es	konnte	musste	sollte	wollte	durfte	mochte
wir	konnten	mussten	sollten	wollten	durften	mochten
ihr	konntet	musstet	solltet	wolltet	durftet	mochtet
sie	konnten	mussten	sollten	wollten	durften	mochten
Sie	konnten	mussten	sollten	wollten	durften	mochten

Verben: Rektion

Das Verb regiert im Satz!

1. **Verben mit dem Nominativ (Frage: Wer? Was?)**
   sein ▪ werden

Er	wird	bestimmt ein guter Arzt.	Das	ist	ein alter Fernseher.
NOMINATIV		NOMINATIV	NOMINATIV		NOMINATIV

2. **Verben mit dem Akkusativ (Frage: Wen? Was?)**
   abholen ▪ anrufen ▪ beantworten ▪ besuchen ▪ bezahlen ▪ brauchen ▪ essen ▪ finden ▪ haben ▪ hören ▪ kennen ▪ kosten ▪ lesen ▪ machen ▪ möchten ▪ öffnen ▪ parken ▪ sehen ▪ trinken

Ich	brauche	ein Auto.	Das Zimmer	hat	einen Fernseher.
NOMINATIV		AKKUSATIV	NOMINATIV		AKKUSATIV

3. **Verben mit dem Dativ (Frage: Wem?)**
   danken ▪ gefallen ▪ gehören ▪ helfen ▪ passen ▪ schmecken

Die Jacke	gefällt	mir.	Das Auto	gehört	meinem Bruder.
NOMINATIV		DATIV	NOMINATIV		DATIV

4. **Verben mit Dativ und Akkusativ (Frage: Wem? Was?)**
   kaufen ▪ schenken ▪ schicken ▪ schreiben ▪ senden ▪ zeigen

Ich	kaufe	mir	ein neues Kleid.	Wir	schenken	dem Chef	einen Blumenstrauß.
NOMINATIV		DATIV	AKKUSATIV	NOMINATIV		DATIV	AKKUSATIV

Sätze

Der Aussagesatz

	Position 2: finites Verb	
Ich	tanze.	
Marta	ist	Studentin.
Ich	studiere	an der Universität Leipzig Germanistik.
Wir	fahren	im Sommer nach Frankreich.
Im Sommer	fahren	wir nach Frankreich.
Ich	schenke	meinem Bruder ein Fahrrad.

Der Fragesatz

W-Frage

Fragewort	Position 2: finites Verb	
Woher	kommen	Sie?
Wohin	fahren	die Studenten?
Was	sind	Sie von Beruf?
Wie viel	kostet	der Computer?

Ja-Nein-Frage

Position 1: finites Verb		
Sprechen	Sie	Deutsch?
Studierst	du	in Berlin?

Die Satzklammer

Sätze mit trennbaren Verben

	Position 2: finites Verb		Satzende: trennbares Präfix
Ich	komme	morgen gegen 13.00 Uhr	an.
Wir	kaufen	heute nicht mehr	ein.

Sätze mit Modalverben

	Position 2: finites Verb		Satzende: Infinitiv
Ich	kann	heute leider nicht	kommen.
Wir	wollen	dieses Jahr nach Spanien	fliegen.

Sätze im Perfekt

	Position 2: finites Verb		Satzende: Partizip
Ich	bin	um 8.00 Uhr	aufgestanden.
Wir	haben	einen neuen Fernseher	gekauft.

Satzverbindungen: Konjunktionen

Grund	Ich mache am liebsten im Januar Urlaub,	denn	ich liebe den Schnee.
Gegensatz	Früher habe ich im Sommer Urlaub gemacht,	aber	heute fahre ich lieber im Winter weg.
	Ich fahre dieses Jahr nicht im Januar weg,	sondern	ich fliege im August nach Spanien.
Alternative	Vielleicht fahren wir in die Berge	oder	wir fahren ans Meer.
Addition	Wir fahren im Januar nach Österreich	und	im Sommer fahren wir nach Irland.

Präpositionen

mit dem Dativ	mit dem Akkusativ	mit Dativ oder Akkusativ
aus – bei – mit – nach – seit – von – zu	für – gegen – ohne – um – durch	an – auf – hinter – in – neben – über – unter – vor – zwischen

Kurzformen:

an dem = am	an das = ans	in dem = im	in das = ins
von dem = vom	zu dem = zum	zu der = zur	

Zeitangaben

am	Ich komme am Dienstag.
im	Im Mai mache ich Urlaub.
um	Das Konzert beginnt um 20.00 Uhr.
von … bis	Das Museum hat von 10.00 bis 18.00 Uhr geöffnet.
nach	Nehmen Sie die Tablette nach dem Essen.

Richtungsangaben: Wohin?

auf + A	Ich fahre auf eine einsame Insel.
an + A	Ich fahre ans Meer.
in + A	Ich fliege in die Schweiz. Ich gehe ins Restaurant.
neben + A	Ich stelle die Lampe neben den Schreibtisch.
über + A	Ich hänge das Bild über das Sofa.
nach	Ich fahre nach Paris.
zu + D	Ich gehe zum Arzt. Ich fahre zum Flughafen.

Ortsangaben: Wo?

auf + D	Ich wohne auf einem einsamen Berg.
an + D	Ich bin am Meer.
in + D	Im Wohnzimmer steht ein großer Tisch.
neben + D	Neben dem Schreibtisch steht die Lampe.
über + D	Über dem Sofa hängt das Bild.

Komparation der Adjektive

			Positiv	Komparativ
Normalform			billig	billiger
a → ä	warm – lang – kalt – hart – nah – alt		warm	wärmer
o → ö	groß		groß	größer
u → ü	kurz – jung		jung	jünger
-er			teuer	teurer
-el			dunkel	dunkler
Sonderformen			gut	besser
			viel	mehr
			gern	lieber

Unregelmäßige Verben im Perfekt

abfahren	er/sie ist abgefahren		gefallen	er/sie hat gefallen
abschließen	er/sie hat abgeschlossen		gehen	er/sie ist gegangen
anfangen	er/sie hat angefangen		gewinnen	er/sie hat gewonnen
ankommen	er/sie ist angekommen		heißen	er/sie hat geheißen
anrufen	er/sie hat angerufen		helfen	er/sie hat geholfen
anschließen	er/sie hat angeschlossen		kommen	er/sie ist gekommen
aufnehmen	er/sie hat aufgenommen		lesen	er/sie hat gelesen
aufstehen	er/sie ist aufgestanden		laufen	er/sie ist gelaufen
ausgeben	er/sie hat ausgegeben		liegen	er/sie hat gelegen
ausgehen	er/sie ist ausgegangen		mitnehmen	er/sie hat mitgenommen
ausscheiden	er/sie ist ausgeschieden		nehmen	er/sie hat genommen
ausschneiden	er/sie hat ausgeschnitten		scheinen	sie hat geschienen
beginnen	er/sie hat begonnen		schließen	er/sie hat geschlossen
bekommen	er/sie hat bekommen		schneiden	er/sie hat geschnitten
bestehen	er/sie hat bestanden		schreiben	er/sie hat geschrieben
bieten	er/sie hat geboten		singen	er/sie hat gesungen
bleiben	er/sie ist geblieben		spazieren gehen	er/sie ist spazieren gegangen
braten	er/sie hat gebraten		sprechen	er/sie hat gesprochen
einladen	er/sie hat eingeladen		stattfinden	er/sie hat stattgefunden
einnehmen	er/sie hat eingenommen		stehen	er/sie hat gestanden
enthalten	er/sie hat enthalten		trinken	er/sie hat getrunken
erhalten	er/sie hat erhalten		unternehmen	er/sie hat unternommen
fahren	er/sie ist gefahren		waschen	er/sie hat gewaschen
fernsehen	er/sie hat ferngesehen		wehtun	es hat wehgetan
finden	er/sie hat gefunden		verlieren	er/sie hat verloren
fliegen	er/sie ist geflogen		verzeihen	er/sie hat verziehen
geben	er/sie hat gegeben		zurückgeben	er/sie hat zurückgegeben

5 Alltag

A 2 1. frühstücken 2. fahren 3. lesen und schreiben 4. anrufen, vereinbaren 5. machen, gehen 6. haben, übersetzen 7. haben, fahren, einkaufen, kochen 8. fernsehen, sehen 9. gehen

A 4 **Hörtexte:**
Elli: Hallo, ich bin Elli. Ich wohne in München und studiere an der Ludwig-Maximilians-Universität Germanistik. Ich stehe um halb neun auf, dann frühstücke ich schnell und fahre zur Uni. Zwischen 10.00 und 13.00 Uhr besuche ich die Lehrveranstaltungen an der Universität. Um 13.00 Uhr esse ich in der Mensa Mittag. Danach gehe ich in die Bibliothek und lese Bücher oder Zeitschriften. Ab 17.00 Uhr arbeite ich in einem Fast-Food-Restaurant. Dort verkaufe ich Hamburger und Pommes frites. Ich bekomme für eine Stunde Arbeit 12 Euro. Ich brauche das Geld, denn meine Eltern können mein Studium nicht bezahlen. Um 24.00 Uhr habe ich Feierabend. Ach, das Abendessen! Ich esse natürlich im Fast-Food-Restaurant, so gegen 20.00 Uhr. Da habe ich eine kleine Pause. Ich esse aber keinen Hamburger, ich mag lieber Salat.
Marcus: Guten Tag, ich heiße Marcus. Ich bin Ingenieur. Mein Arbeitstag beginnt um 8.00 Uhr. Ich stehe um 6.00 Uhr auf und fahre zur Arbeit. Um 12.00 Uhr esse ich mit meinen Kollegen in der Kantine Mittag. Um 17.00 Uhr habe ich Feierabend. Montags und mittwochs fahre ich zum Tennisplatz und spiele von 18.00 bis 19.00 Uhr Tennis. An den anderen Tagen fahre ich nach Hause. Meine Frau kocht abends immer sehr leckere Gerichte. Normalerweise essen wir um 19.00 Uhr Abendbrot. Am Montag und Mittwoch um 20.00 Uhr. Abends sehen wir oft fern, manchmal besuchen wir Freunde.
Lösungen:
Elli: 1. richtig 2. falsch 3. richtig 4. richtig 5. falsch 6. richtig
Marcus: 1. falsch 2. falsch 3. richtig 4. richtig 5. falsch 6. richtig

A 6 1. 20.15 Uhr 2. 15.15 Uhr 3. 17.45 Uhr 4. 10.00 Uhr 5. 15.45 Uhr 6. 16.40 Uhr 7. 8.30 Uhr 8. 11.30 Uhr

A 7 1. 30 Minuten 2. 120 Minuten 3. 90 Minuten 4. 150 Minuten

A 8 1. Es dauert zweieinhalb Stunden. 2. Es ist … Uhr. 3. Es landet um 19.30 Uhr/halb acht. 4. Er dauert drei Stunden. 5. Es öffnet um 14.00 Uhr/um zwei. 6. Es schließt um 18.00 Uhr/um sechs. 7. Er beginnt um 18.30 Uhr/halb sieben. 8. Er dauert zweieinhalb Stunden. 9. Er fährt um 17.32 Uhr. 10. Ich fahre eine halbe Stunde. 11. Sie beginnt um 9.00 Uhr/um neun. 12. Ich arbeite acht Stunden. 13. Ich stehe um 7.00 Uhr/um sieben auf. 14. Ich schlafe acht Stunden.

A 9 1. Ich muss einen Termin mit Frau Kümmel vereinbaren. 2. Irina muss zwei Kollegen in München anrufen. 3. Du musst ein Gespräch über das neue Projekt führen. 4. Wir müssen ein Angebot für die Firma MEFA schreiben. 5. Otto muss den Computer reparieren. 6. Ich muss meine E-Mails lesen. 7. Ihr müsst die Gäste begrüßen.

A 10 1. Die Assistentin soll für Frau Weber ein Hotelzimmer buchen. 2. Du sollst einen Tisch im Restaurant für zwei Personen reservieren. 3. Maria soll zwei E-Mails aus Portugal übersetzen. 4. Ich soll einen Blumenstrauß für Frau Krause bestellen. 5. Peter soll Herrn McDonald in Amerika anrufen. 6. Ihr sollt den Termin mit Frau Kümmel absagen. 7. Hans soll ein Computerproblem lösen.

A 12 1. Soll ich das Fenster öffnen? 2. Soll ich den Computer reparieren? 3. Soll ich den Brief übersetzen? 4. Soll ich Eintrittskarten (für das Museum) kaufen? 5. Soll ich den Fernseher einschalten? 6. Soll ich die E-Mail schreiben? 7. Soll ich ein Hotelzimmer buchen? 8. Soll ich zwei Plätze im Restaurant „Edel" reservieren?

A 13 Um 10.00 Uhr macht sie eine Kaffeepause. Um 10.15 Uhr spricht sie mit Kolleginnen und Kollegen über ein neues Projekt. Um 11.00 Uhr hat sie eine Besprechung mit Gästen aus Italien. Um 12.30 Uhr isst sie etwas im Restaurant „Roma". Um 14.00 Uhr bucht sie einen Flug nach London. Um 14.30 Uhr löst sie gemeinsam mit Oliver ein Softwareproblem. Um 15.00 Uhr fährt sie nach Erding.

A 14 c) 1. lesen, schreiben 2. trinken 3. sprechen 4. essen 5. lösen 6. buchen 7. fahren 8. arbeiten

A 15 **regelmäßige Verben:** Sie hat gelöst, gearbeitet, gebucht. **unregelmäßige Verben:** Sie hat gelesen, geschrieben, gesprochen, getrunken, gegessen. Sie ist gefahren.

A 16 **Fragen:** 1. Haben Sie eine Pause gemacht? 2. Sind Sie zur Arbeit gefahren? 3. Haben Sie ein Problem gelöst? 4. Haben Sie hart gearbeitet? 5. Haben Sie einen Roman gelesen? 6. Haben Sie viele E-Mails geschrieben? 7. Haben Sie im Restaurant gegessen? 8. Haben Sie einen Tee getrunken? 9. Haben Sie eine Reise gebucht? 10. Haben Sie über ein Projekt gesprochen?

A 17 b) 1. Die Arbeit hat um 9.30 Uhr angefangen. 2. Martin hat Frau Körner angerufen. 3. Er hat im Supermarkt eingekauft. 4. Er hat ferngesehen. 5. Er hat einen Termin vereinbart. 6. Er hat zwei E-Mails übersetzt. 7. Er hat ein Projekt präsentiert.
c) Trennbare Verben haben das *ge-* in der Mitte

A 19 1. gegessen 2. geschrieben 3. gemacht 4. gelesen 5. angerufen 6. gefahren 7. vereinbart 8. übersetzt 9. eingekauft 10. gesehen 11. präsentiert 12. aufgestanden

A 20 1. der Lautsprecher 2. der Computer 3. das Kabel 4. die Taste 5. der Bildschirm 6. die Tastatur 7. die Maus

A 21 **Computer:** einschalten, ausschalten, anschließen
Text: speichern, kopieren, löschen, ausdrucken, ausschneiden, einfügen, schreiben
E-Mail: speichern, kopieren, löschen, ausdrucken, weiterleiten, schreiben, erhalten, senden
Drucker: einschalten, ausschalten, anschließen
Daten: speichern, kopieren, löschen, ausdrucken, ausschneiden, einfügen, schreiben, senden

A 22 b) einen Termin <u>ab</u>sagen – den Drucker repar<u>ie</u>ren – eine Rechnung be<u>zahl</u>en – um 9.00 Uhr be<u>ginn</u>en – Frau Müller <u>an</u>rufen – um 8.00 Uhr <u>auf</u>stehen – drei Stunden <u>fern</u>sehen – an einer Universität stud<u>ie</u>ren – einen Termin ver<u>einbar</u>en – einen Brief über<u>setz</u>en – ein Glas Mineralwasser be<u>stell</u>en – eine E-Mail be<u>antwort</u>en – einen Text <u>ein</u>fügen – den Computer <u>aus</u>schalten

A 23 1. gesendet 2. eingeschaltet 3. angeschlossen 4. gelöscht 5. weitergeleitet

A 24 1. c 2. a 3. c

A 25 sprechen – verbinde – habe – geht/funktioniert – vereinbaren – glaube – funktioniert/geht – kommen – ist – arbeiten – Geht – erwarte

A 27 c) 1. Am einundzwanzigsten Neunten um vierzehn Uhr dreißig. 2. Am siebenundzwanzigsten Sechsten um neun Uhr. 3. Am zweiundzwanzigsten Mai um achtzehn Uhr. 4. Am vierzehnten Zehnten um dreizehn Uhr. 5. Am achtundzwanzigsten April um zehn Uhr. 6. Am siebten März um fünfzehn Uhr fünfzehn. 7. Am dritten Achten um elf Uhr. 8. Am zweiten Februar um siebzehn Uhr. 9. Am vierten Ersten um neun Uhr fünfundvierzig. 10. Am siebzehnten Juli um zwölf Uhr.

A 31 b) 1. Anzeige 4 2. Anzeige 6 3. Anzeige 1 4. Anzeige 2 5. Anzeige 5 6. Anzeige 3

B 4 1. richtig 2. falsch 3. falsch 4. falsch 5. richtig

B 5 sehen fern – nutzen – finden – mögen – läuft – surfen – reden

C 1 1. macht das Licht aus 2. schaltet den Fernseher aus 3. wacht um 5.00 Uhr morgens auf 4. hört um 15.00 Uhr auf 5. Heinz fährt früh von zu Hause ab.

C 2 **Beispielsätze:** 1. Ja, ich fange an. 2. Ja, ich bezahle. 3. Ja, ich besuche das Deutsche Museum 4. Ja, ich kaufe jetzt ein. 5. Ja, ich rufe die Firma an. 6. Ja, ich steige aus. 7. Ja, ich beginne.

C 3 **möchte(n):** ich möchte – du möchtest – er/sie/es möchte – wir möchten – ihr möchtet – sie/Sie möchten
müssen: ich muss – du musst – er/sie/es muss – wir müssen – ihr müsst – sie/Sie müssen
können: ich kann – du kannst – er/sie/es kann – wir können – ihr könnt – sie/Sie können
mögen: ich mag – du magst – er/sie/es mag – wir mögen – ihr mögt – sie/Sie mögen

sollen: ich soll – du sollst – er/sie/es soll – wir sollen – ihr sollt – sie/Sie sollen

C 4 1. muss/kann/möchte 2. möchte 3. mag/möchte 4. muss/soll/kann 5. Soll 6. möchte 7. Soll/Kann 8. kannst 9. können 10. möchte, muss

C 5 1. haben 2. hat 3. sind 4. Hat 5. Hat 6. Habt 7. seid 8. Hast 9. Hast 10. hat 11. ist

C 6 a) 1. Ich habe den ganzen Tag hart gearbeitet. 2. Ich habe keine Hausaufgaben gemacht. 3. Die Assistentin hat ein Hotelzimmer gebucht. 4. Hans hat das Computerproblem gelöst. 5. Wir haben im Konzert fantastische Musik gehört. 6. Ich habe mein Auto im Parkverbot geparkt. 7. Frau und Herr Schmalz haben die ganze Nacht Walzer getanzt. 8. Herr Klein hat die E-Mail um 18.30 Uhr gesendet. 9. Dieter hat für seine Frau Blumen gekauft. 10. Wir haben mit Susanne ein Gespräch geführt. 11. Sie haben im Hotel gefrühstückt. 12. Anton hat in Frankfurt gewohnt. 13. Ich habe die E-Mail gestern gelöscht. 14. Klara hat drei Jahre in Spanien gelebt. 15. Die Maschine aus Tokio ist um 18.00 Uhr gelandet. 16. Martin hat zum Abendessen Spaghetti gekocht.
b) 1. Herr Krause hat seine Rechnung nicht bezahlt. 2. Ich habe einen Termin mit Frau Kümmel vereinbart. 3. Peter hat schon ein Bier bestellt. 4. Martin hat den Text schon übersetzt. 5. Frau Schneider hat die Gäste begrüßt. 6. Oma hat den Fernseher eingeschaltet. 7. Kurt hat Fleisch und Gemüse eingekauft.

C 7 1. er liest, hat 2. ihr schreibt, habt 3. er fängt an, hat 4. wir singen, haben 5. sie spricht/sprechen, hat/haben 6. er isst, hat 7. er steht auf, ist 8. du trinkst, hast 9. du schläfst, hast 10. sie sieht/sehen, hat/haben 11. ihr kommt an, seid 12. er läuft, ist 13. ich sehe fern, habe 14. du gehst, bist 15. wir beginnen, haben

C 8 1. hat gegessen 2. sind gegangen 3. hat getrunken 4. sind geblieben 5. habe geschrieben/gelesen 6. Hast gefunden/gesehen 7. hat begonnen 8. hat gesungen 9. hast geschlafen 10. ist angekommen 11. habe gelesen 12. gesehen

C 9 1. Wir sind um 14.55 Uhr angekommen. 2. Ich habe dich gestern Abend angerufen. 3. Ich habe den Brief am Mittwoch erhalten. 4. Ich bin 30 Minuten spazieren gegangen. 5. Wir sind um 6.00 Uhr aufgestanden. 6. Das Konzert hat 20.15 Uhr angefangen. 7. Ich habe 1000 Euro bekommen. 8. Ich bin 2000 Meter gelaufen.

C 10 1. a) Ich sage den Termin ab. b) Ich muss den Termin absagen. c) Ich habe den Termin abgesagt.
2. a) Wir schließen den Drucker an. b) Wir müssen den Drucker anschließen. c) Wir haben den Drucker angeschlossen.
3. a) Er schaltet den Bildschirm ein. b) Er muss den Bildschirm einschalten. c) Er hat den Bildschirm eingeschaltet.
4. a) Du fügst den Text ein. b) Du musst den Text einfügen. c) Du hast den Text eingefügt.
5. a) Sie leitet/leiten die E-Mail weiter. b) Sie muss/müssen die E-Mail weiterleiten. c) Sie hat/haben die E-Mail weitergeleitet.
6. a) Ich kaufe im Supermarkt ein. b) Ich muss im Supermarkt einkaufen. c) Ich habe im Supermarkt eingekauft.
7. a) Wir rufen den Kundendienst an. b) Wir müssen den Kundendienst anrufen. c) Wir haben den Kundendienst angerufen.
8. a) Ich fange um 9.00 Uhr an. b) Ich muss um 9.00 Uhr anfangen. c) Ich habe um 9.00 Uhr angefangen.
9. a) Du machst den Fernseher aus. b) Du musst den Fernseher ausmachen. c) Du hast den Fernseher ausgemacht.
10. a) Herr Kolle steht um 6.00 Uhr auf. b) Herr Kolle muss um 6.00 Uhr aufstehen. c) Herr Kolle ist um 6.00 Uhr aufgestanden.
11. a) Wir kommen pünktlich an. b) Wir müssen pünktlich ankommen. c) Wir sind pünktlich angekommen.

12. a) Ich mache die Tür zu. b) Ich muss die Tür zumachen. c) Ich habe die Tür zugemacht.

C 11 1. Hast du schon den schönen Baum fotografiert?/Hast den schönen Baum schon fotografiert? 2. Hast du schon mit Heinz telefoniert? 3. Hast die schon die Übung kopiert? 4. Hast du schon das neue Programm installiert?

C 12 Hanna ist gestern um 8.00 Uhr aufgestanden, danach hat sie gefrühstückt. Um 9.00 Uhr ist sie zur Arbeit gefahren. Zuerst hat sie ihre E-Mails gelesen. Um 10.00 Uhr hat sie mit Frau Müller einen Kaffee getrunken. Von 10.30 bis 12.00 Uhr hat sie die E-Mails und Briefe beantwortet. Sie hat zwei Termine mit der Firma KOK vereinbart. Von 13.00 bis 13.30 Uhr hat sie Mittagspause gemacht. Sie hat in der Kantine Fleisch mit Gemüse und Kartoffeln gegessen. Am Nachmittag hat sie für ihre Chefin einen Flug nach Rom gebucht. Sie hat viele Dokumente kopiert. Von 15.00 bis 15.30 hat sie ein Gespräch mit Frau Meier geführt. Um 16.00 Uhr hat sie die Gäste aus Moskau begrüßt. Von 16.30 bis 17.30 Uhr hat sie E-Mails geschrieben. Um 17.30 Uhr hat Hanna Feierabend gemacht.

C 13 1. um 2. von, bis 3. nach 4. am 5. um 6. vor/nach 7. bis 8. am 9. vor 10. am, um

6 Reisen

A 2 1. die Hitze 2. die Wärme 3. der Sturm 4. der Nebel 5. die Wolke 6. der Regen 7. der Schnee 8. die Sonne

A 5 1. Nein, im Frühling ist es dort zu stürmisch. 2. Nein, im Herbst ist es dort zu neblig. 3. Nein, im Sommer ist es dort zu heiß. 4. Nein, im Herbst regnet es dort zu viel. 5. Nein, im Winter ist es dort zu kalt. 6. Nein, im Sommer ist es dort zu warm. 7. Nein, im Winter schneit es dort zu viel. 8. Nein, im Frühling ist es dort zu bewölkt. 9. Nein, im Sommer ist es dort zu heiß. 10. Nein, im Winter schneit es dort zu viel. 11. Nein, im Herbst regnet es dort zu viel. 12. Nein, im Frühling ist es dort zu stürmisch.

A 6 1. Spanien 2. Italien 3. Türkei 4. Österreich 5. Griechenland

A 7 1. auf 2. in 3. nach 4. zu 5. auf 6. an 7. nach 8. nach 9. an

A 11 1. Soll ich die Turnschuhe mitnehmen? Ja, nimm sie mit. 2. Soll ich den Anzug mitnehmen? Nein, lass ihn zu Hause/hier. 3. Soll ich das Nachthemd mitnehmen? Ja, nimm es mit. 4. Soll ich das Kleid mitnehmen? Ja, nimm es mit. 5. Soll ich den Mantel mitnehmen? Nein, lass ihn zu Hause/hier. 6. Soll ich die Regenjacke mitnehmen? Nein, lass sie zu Hause/hier. 7. Sollen wir die Sonnencreme mitnehmen? Ja, nehmt sie mit. 8. Sollen wir den Fotoapparat mitnehmen? Nein, lasst ihn zu Hause/hier. 9. Sollen wir das Handy mitnehmen? Ja, nehmt es mit. 10. Soll ich den Führerschein mitnehmen? Nein, lass ihn zu Hause/hier. 11. Sollen wir die Kreditkarte mitnehmen? Nein, lasst sie zu Hause/hier. 12. Sollen wir das Aspirin mitnehmen? Ja, nehmt es mit. 13. Soll ich den Kalender mitnehmen? Nein, lass ihn zu Hause/hier. 14. Soll ich den Regenschirm mitnehmen? Nein, lass ihn zu Hause/hier.

A 12 Hörtext:
Frau: Liebling, das Flugzeug fliegt in vier Stunden. Hast du deinen Koffer schon gepackt?
Mann: Nein. Ich bin noch nicht fertig. Ich kann meine Badehose und meinen Fotoapparat nicht finden. Und ich habe kein schönes Hemd und keinen Anzug.
Frau: Aber du hast doch am Freitag ein neues Hemd, einen neuen Anzug und ein paar Sportschuhe für den Urlaub gekauft!
Mann: Ja, ich habe ein neues Hemd und einen Anzug gekauft. Aber das neue Hemd gefällt mir nun doch nicht. Und der Anzug passt mir nicht.
Frau: Der Anzug passt dir nicht? Hast du ihn nicht anprobiert?
Mann: Nein, ich hatte keine Zeit.
Frau: Du hattest keine Zeit?
Mann: Nein, ich hatte keine Zeit und jetzt kann ich ihn nicht mehr umtauschen. Wir fahren ja gleich. Hast du meinen neuen Fotoapparat gesehen?

Frau:	Hast du auch einen neuen Fotoapparat?
Mann:	Natürlich. Ich will doch im Urlaub schöne Bilder machen.
Frau:	Mein Handy macht auch schöne Fotos. Da brauchst du keinen Fotoapparat. Außerdem hast du noch zwei alte Fotoapparate. Schau mal in deinen Schrank. Vielleicht findest du dort auch deine Badehose.
Mann:	Ah. Hier ist er, der neue Fotoapparat. Und hier ist auch die Badehose. Dann können wir jetzt zum Flughafen fahren. Ein neues Hemd und einen Anzug kaufe ich in Italien.

Lösungen:
1. richtig 2. richtig 3. falsch 4. falsch 5. richtig 6. richtig

A 14 **Wie gefällt/gefallen dir/lšen:** 1. meine neue Bluse 2. mein neues Auto 3. meine neue Tasche 4. mein neuer Pullover 5. mein neuer Mantel 6. meine neue Mütze/mein neuer Schal 7. mein neuer Schlafanzug 8. mein neuer Rock 9. mein neues T-Shirt/Hemd 10. meine neuen Socken 11. meine neue Brille 12. meine neuen Schuhe/Turnschuhe/ Sportschuhe

A 16 1. Ja, die Tomatensuppe/sie schmeckt mir gut. 2. Ja, es gefällt uns gut. 3. Ihm geht es gut. 4. Er passt mir gut. 5. Meiner Frau/ Ihr geht es gut. 6. Ja, sie gefällt mir gut. 7. Ja, es schmeckt mir ausgezeichnet. 8. Ja, sie gehört mir. 9. Ja, er schmeckt uns gut. 10. Ja, sie passen mir. 11. Ja, sie steht dir. 12. Ja, er schmeckt mir gut.

A 19 1. dieses 2. diese 3. dieses 4. dieses 5. diese 6. Dieses 7. diesen 8. diese 9. dieser 10. Diese 11. Diese 12. Dieser 13. diese 14. Dieses 15. Dieses 16. diese 17. Dieser

A 21 **Hörtext:**

Herr Große:	Guten Tag. Eine Fahrkarte nach Hamburg bitte.
Frau am Schalter:	Wann wollen Sie fahren?
Herr Große:	Am Freitag. Das ist der einundzwanzigste.
Frau am Schalter:	Vormittags oder nachmittags?
Herr Große:	Vormittags.
Frau am Schalter:	Wollen Sie über Berlin oder über Hannover fahren?
Herr Große:	Über Berlin.
Frau am Schalter:	Es fährt ein Zug 8.40 Uhr, der nächste Zug fährt 11.40 Uhr. Es fährt auch noch ein Zug um 9.20 Uhr, aber da müssen Sie in Berlin umsteigen.
Herr Große:	Umsteigen? Nein, das will ich nicht. Ich nehme den Zug 11.40 Uhr. Wann ist der Zug in Hamburg?
Frau am Schalter:	16.16 Uhr.
Herr Große:	Ja, das ist gut. Ich fahre 11.40 Uhr.
Frau am Schalter:	Haben Sie eine BahnCard?
Herr Große:	Nein.
Frau am Schalter:	Fahren Sie erste oder zweite Klasse?
Herr Große:	Zweite Klasse bitte.
Frau am Schalter:	Das macht 40,56 Euro. … Danke und gute Reise.
Herr Große:	Moment. Von welchem Gleis fährt der Zug?
Frau am Schalter:	Gleis 13.
Herr Große:	Danke. Auf Wiedersehen.

Lösungen: 1. am Freitag, am einundzwanzigsten 2. den Zug 11.40 Uhr 3. 16.16 Uhr 4. nein 5. zweite Klasse 6. 40,56 Euro 7. Gleis 13

A 22 fährt – fährt – umsteigen – nehme – kostet – Brauchen – Fahren – reservieren

A 25 1. Fahrt ihr mit dem Auto? Nein, wir reisen mit dem Zug. 2. Fahren Sie mit dem Zug? Nein, ich fahre/wir fahren mit dem Bus. 3. Fliegen Sie mit dem Flugzeug? Nein, ich fahre/wir fahren mit dem Schiff. 4. Fährst du mit dem Zug? Nein, ich fahre mit dem Motorrad. 5. Fahrt ihr mit dem Bus? Nein, wir fahren mit dem Auto. 6. Fahren Sie mit der Bahn? Nein, ich fahre/wir fahren mit dem Bus.

A 26 **b) der Zug:** der Bahnhof, die Fahrkarte, der Fahrplan, der Fahrkartenschalter, die Verspätung, der Sitzplatz, die Abfahrt, die Ankunft, das Gleis, der Fahrgast

das Schiff: der Hafen, der Fahrplan, die Abfahrt, die Ankunft, der Passagier
das Auto: der Stau, die Ampel, die Tankstelle, die Straße, die Autobahn
das Motorrad: der Stau, die Ampel, die Tankstelle, die Straße, die Autobahn
das Flugzeug: der Flughafen, das Flugticket, die Verspätung, der Sitzplatz, der Abflug, die Landung, der Flugplan, der Passagier, die Passkontrolle
der Bus: der Bahnhof, die Fahrkarte, der Fahrplan, der Fahrkartenschalter, der Stau, die Verspätung, die Ampel, der Sitzplatz, die Abfahrt, die Ankunft, die Tankstelle, die Straße, die Autobahn, die Haltestelle, der Fahrgast

A 27 1. Fahrkartenschalter 2. Stau 3. Flugtickets 4. Passkontrolle 5. Hafen 6. Verspätung 7. Ampel 8. Fahrkarte 9. Tankstelle 10. Flugplan 11. Gleis

A 28 **Durchsagen:**
1. Achtung am Gleis drei. Der Intercity aus Amsterdam zur Weiterfahrt nach Berlin, planmäßige Abfahrtszeit 14.35 Uhr, hat 30 Minuten Verspätung.
2. Liebe Fahrgäste. Wir erreichen in wenigen Minuten Leipzig-Hauptbahnhof. Der Zug fährt weiter als Intercity-Express nach Hamburg über Berlin-Hauptbahnhof. Der Zug hält nicht in Halle und Magdeburg. Fahrgäste nach Halle und Magdeburg müssen in Leipzig umsteigen.
3. Achtung, eine Gleisänderung am Bahnsteig 15! Der Intercity-Express aus Köln zur Weiterfahrt nach Wien fährt in wenigen Minuten am Gleis zwölf ein. Ich wiederhole. Der Intercity-Express aus Köln zur Weiterfahrt nach Wien fährt in wenigen Minuten am Gleis zwölf ein.
4. Und hier die Staumeldungen. Es ist Sommeranfang und es gibt Stau auf den folgenden Autobahnen: Autobahn A 8 von München Richtung Salzburg zwischen Bad Aibling und Rosenheim zehn Kilometer Stau, A 93 Richtung Innsbruck zwischen Oberaudorf und Kiefersfelden fünf Kilometer und auf der A 95 Richtung Garmisch-Partenkirchen zwischen Wolfratshausen und Penzberg 30 Kilometer Stau.
5. Und hier eine Durchsage für alle Autofahrer: Achtung auf der A 75, München Richtung Augsburg, nach einem Unfall zehn Kilometer Stau bei Odelzhausen. In der Gegenrichtung nach München zwei Kilometer. Ebenfalls A 75, am Autobahnkreuz München-Ost drei Kilometer Stau.
6. Hier eine wichtige Durchsage für Autofahrer auf der A 9 Richtung Nürnberg. Bei Ingolstadt-Nord sind Personen auf der Fahrbahn. Bitte fahren Sie langsam! Ich wiederhole, bei Ingolstadt-Nord sind Personen auf der Fahrbahn, bitte langsam fahren.

Lösungen: 1. c 2. b 3. c 4. a 5. c 6. b

B 2 b) 2. e 3. c 4. f 5. a 6. b

B 3 b) Unterschiede – Strand – Test – Urlaubsländer – Testsieger – Geld

C 1 2. a 3. f 4. b 5. h 6. d 7. e 8. g

C 2 1. aber 2. oder 3. denn 4. und 5. denn 6. sondern 7. aber 8. denn

C 3 1. Ich kann nicht Ski fahren. 2. Du musst noch die E-Mails beantworten. 3. Ich möchte heute an den Strand gehen. 4. Wollt ihr mitkommen? 5. Peter will seine Mutter vom Bahnhof abholen. 6. Ich muss heute noch das Hotel anrufen. 7. Können Sie die Gäste begrüßen? 8. Möchtest du noch eine Tasse Kaffee trinken? 9. Soll ich im Restaurant einen Tisch bestellen? 10. Ich muss noch eine Fahrkarte kaufen. 11. Marina will einen Sprachkurs an der Universität besuchen./Marina will an der Universität einen Sprachkurs besuchen.

C 4 1. Fahrt 2. Mach 3. Iss 4. Erklär 5. Trinkt 6. Nehmt 7. Steh 8. Lösch 9. Kopiert 10. Schaltet

C 5 a) 1. Sprich nicht so laut! 2. Nimm den Pass mit! 3. Mach den Fernseher aus! 4. Arbeite mehr! 5. Öffne das Fenster! 6. Lass den Hund zu Hause! 7. Fahr nicht so schnell! 8. Bring eine Flasche Wein mit! 9. Komm nicht so spät! 10. Iss mehr Gemüse und weniger Fleisch! 11. Lies mal diesen Zeitungs-

artikel! **12.** Trink nicht so viel Bier! **13.** Kauf heute noch die Fahrkarten! **14.** Schlaf nicht immer so lange!
b) 1. Bitte holen Sie die Gäste vom Bahnhof ab. **2.** Bitte schreiben Sie den Brief an die Firma Kalau. **3.** Bitte beantworten Sie die E-Mail. **4.** Bitte bestellen Sie einen Tisch im Restaurant. **5.** Bitte suchen Sie den Fehler im Programm. **6.** Bitte starten Sie den Computer neu. **7.** Bitte schalten Sie den Drucker ein. **8.** Bitte schließen Sie das Fenster.

C 6 **Akkusativ:** 1. Person Sg.: mich; 3. Person Sg.: sie; 2. Person Pl.: euch
Dativ: 2. Person Sg.: dir; 3. Person Sg.: ihm, ihm; 1. Person Pl.: uns; formell: Ihnen

C 7 **Akkusativ:** besuchen, anrufen, sehen, kennen, abholen
Dativ: helfen, danken, gefallen, passen

C 8 **1.** mir **2.** mich **3.** mir/dir **4.** mich **5.** mich **6.** dir/mir **7.** mir **8.** dich **9.** dir **10.** mich **11.** dir

C 9 Liebe Brigitte,
herzliche Grüße von der Nordsee. Wir <u>haben</u> wunderbares Wetter. Die Sonne <u>scheint</u> den ganzen Tag. Unser Hotel <u>hat</u> vier Sterne, aber das Essen <u>schmeckt</u> schrecklich. Heute Abend <u>essen</u> wir in einem Restaurant. Heute Nachmittag <u>spielen</u> wir Tennis und <u>besuchen</u> eine Kunstausstellung. Morgen <u>gibt</u> es hier ein Rockkonzert! Da <u>gehen</u> wir natürlich hin. Liebe Grüße und arbeite nicht so viel!!!
Kerstin

C 10 gedauert – gewartet – gelesen – geregnet – besucht – ausgegeben – gespielt – gegessen – getrunken

C 11 **1.** Wir sind in den Bergen gewandert. **2.** Wir haben mit dem Handy telefoniert. **3.** Wir haben ein Museum besucht. **4.** Wir sind spazieren gegangen. **5.** Wir haben die Landschaft fotografiert. **6.** Wir haben Postkarten geschrieben. **7.** Wir haben deutsche Wörter gelernt. **8.** Wir haben Musik gehört. **9.** Wir haben Souvenirs gekauft. **10.** Wir haben abends ferngesehen.

C 12 **1.** dem **2.** dem **3.** der **4.** der/einer **5.** der **6.** dem

C 13 **1.** der – das Gewitter **2.** die – das Eis **3.** das – die Temperatur **4.** die – das Meer **5.** das – die Übernachtung **6.** die – der Koffer **7.** der – das Handy **8.** das – der Pullover

C 14 **1.** das Hotelzimmer kostet **2.** mit dem Auto fahren **3.** das Kleid passt **4.** mit dem Handy telefonieren **5.** die Sonne scheint **6.** mit dem Flugzeug fliegen **7.** der Wind weht **8.** mit der Kreditkarte bezahlen **9.** mit dem Fotoapparat fotografieren

C 15 Zug – Gleis – Fahrkarte – Rückfahrkarte – Klasse – Sitzplatz

C 16 **1.** der Flughafen **2.** der Bahnhof **3.** der Führerschein **4.** die Passkontrolle **5.** der Fahrgast/Fahrplan **6.** der Fahrkartenschalter **7.** die Autobahn **8.** der Flugplan **8.** der Sitzplatz

C 17 **1.** nach **2.** in **3.** nach **4.** nach **5.** zu **6.** in **7.** auf **8.** nach **9.** nach **10.** nach **11.** in

7 Wohnen

A 9 **1.** der Fahrstuhl **2.** der Balkon **3.** das Fenster **4.** der Spielplatz **5.** die Wohnungstür **6.** die Bushaltestelle **7.** die Straße **8.** der Keller

A 10 **Beethovenstraße:** Anzahl der Zimmer: zwei, Bad ja, Balkon nein, Garten ja, Lage: im Osten, Etage: Erdgeschoss, Miete (ohne NK): 700, Besonderheiten: helles Wohnzimmer
Goldschmiedstraße: Anzahl der Zimmer: drei, Bad ja, Balkon ja, Garten nein, Lage: im Zentrum, Etage: dritte Etage, Miete (ohne NK): 900, Miete (mit NK): 1 100, Besonderheiten: großes Wohnzimmer
Sternstraße: Anzahl der Zimmer: zwei, Bad ja, Balkon ja, Garten nein, Lage: am Stadtrand, Etage: zweite Etage, Miete (mit NK): 600, Besonderheiten: großer Spielplatz
Hörtext:
Frau Holzbein: Holzbein.
Frau Knaup: Ja, guten Morgen, Frau Holzbein. Sabine Knaup hier, Immobilienagentur *Schöner Wohnen*. Ich habe drei Wohnungen für Sie.
Frau Holzbein: Oh, das ist ja toll!

Frau Knaup: Eine Zwei-Zimmer-Wohnung. Sie ist in der Beethovenstraße, also im Osten. Sie hat ein großes Bad und ein sehr schönes helles Wohnzimmer.
Frau Holzbein: Hat die Wohnung einen Balkon?
Frau Knaup: Nein, aber einen kleinen Garten.
Frau Holzbein: Einen Garten. Das heißt, sie ist im Erdgeschoss.
Frau Knaup: Ja, aber der Garten ist wunderbar. Sie können die Wohnung morgen besichtigen.
Frau Holzbein: Was kostet die Wohnung?
Frau Knaup: Die Wohnung kostet 700 Euro.
Frau Holzbein: Mit Nebenkosten?
Frau Knaup: Nein, ohne Nebenkosten.
Frau Holzbein: Das ist aber teuer für zwei Zimmer. Haben Sie noch eine andere Wohnung?
Frau Knaup: In der Goldschmiedstraße ist auch eine Wohnung frei. Sie hat drei Zimmer, sie liegt im Zentrum, hat ein Bad, einen Balkon und ein sehr großes Wohnzimmer. Die Wohnung ist in der 3. Etage.
Frau Holzbein: Das klingt sehr gut. Wie hoch ist die Miete?
Frau Knaup: 900 Euro, ohne Nebenkosten. Aber die Wohnung ist wirklich traumhaft!
Frau Holzbein: Ja, die Wohnung hat alles: Bad, Balkon, die richtige Lage, aber sie ist zu teuer.
Frau Knaup: Ich habe noch eine kleine Zwei-Zimmer-Wohnung in der Sternstraße am Stadtrand. Sie ist in einer sehr kinderfreundlichen Umgebung mit einem großen Spielplatz. Sie hat ein Bad, einen Balkon und ist in der zweiten Etage … und sie kostet nur 600 Euro inklusive Nebenkosten.
Frau Holzbein: Nein, Frau Knaup, ich habe keine Kinder und ich möchte auch nicht am Stadtrand wohnen. Wie hoch sind die Nebenkosten in der zweiten Wohnung?
Frau Knaup: In der Goldschmiedstraße … Moment, … ungefähr 200 Euro.
Frau Holzbein: Also, mir gefallen alle Angebote nicht. Ich warte lieber noch ein bisschen.
Frau Knaup: Gut, Frau Holzbein. Ich rufe Sie wieder an …
Frau Holzbein: Ja, herzlichen Dank und auf Wiederhören.
Frau Knaup: Auf Wiederhören.

A 11 **1.** hat **2.** ist **3.** besichtigen **4.** ist **5.** kostet **6.** beträgt **7.** liegt **8.** habe, möchte **9.** gefällt **10.** warte **11.** rufe an

A 13 **Beispieldialog:**
Frau Holzbein: Holzbein.
Frau Knaup: Guten Tag, Frau Holzbein. Sabine Knaup hier, Immobilienagentur *Schöner Wohnen*. Ich habe eine Wohnung für Sie. Sie ist in der ersten Etage, hat zwei Zimmer, einen Balkon und ein Bad.
Frau Holzbein: Wo liegt/ist die Wohnung?
Frau Knaup: Im Stadtzentrum, in der Sonnenstraße.
Frau Holzbein: Wie viel kostet die Wohnung?/Wie hoch ist die Miete?
Frau Knaup: Sie kostet 650 Euro im Monat.
Frau Holzbein: Ist die Miete mit Nebenkosten?/Ist das mit Nebenkosten?
Frau Knaup: Nein, die Miete ist ohne Nebenkosten. Die Nebenkosten betragen 150 Euro.
Frau Holzbein: Hat die Wohnung ein großes Wohnzimmer?/Wie groß ist das Wohnzimmer?
Frau Knaup: Das Wohnzimmer ist sehr groß. Es hat ungefähr 50 m².
Frau Holzbein: Gibt es in der Nähe gute Einkaufsmöglichkeiten?
Frau Knaup: Es gibt in der Nähe einen Supermarkt.
Frau Holzbein: Kann ich die Wohnung besichtigen?
Frau Knaup: Natürlich. Haben Sie morgen Zeit?
Frau Holzbein: Ja, morgen passt es mir./Ja, morgen habe ich Zeit.

Frau Knaup: Gut, dann erwarte ich Sie morgen um 14.00 Uhr in der Sonnenstraße.

A 14 1. Das Wohnzimmer in der Augustusstraße ist groß. Das Wohnzimmer in der Wintergartenstraße ist noch größer. 2. Die Küchenmöbel in der Augustusstraße sind modern. Die Küchenmöbel in der Wintergartenstraße sind noch moderner. 3. Das Gästezimmer in der Augustusstraße ist hell. Das Gästezimmer in der Wintergartenstraße ist noch heller. 4. Das Schlafzimmer in der Augustusstraße ist ruhig. Das Schlafzimmer in der Wintergartenstraße ist noch ruhiger. 5. Das Arbeitszimmer in der Augustusstraße ist schön. Das Arbeitszimmer in der Wintergartenstraße ist noch schöner. 6. Die Aussicht in der Augustusstraße ist gut. Die Aussicht in der Wintergartenstraße ist noch besser.

A 15 b) Wie viele Stühle hast du in deiner Wohnung? Wohnst du in diesem Mehrfamilienhaus? Trinkst du zum Frühstück immer Tee mit Honig? Kannst du die Stühle in dem Geschäft abholen? Wie komme ich zum Hauptbahnhof?

A 17 Die Bücher liegen auf dem Tisch. Das Bild hängt an der Wand. Die Lampe hängt über dem Sessel. Die Maus sitzt neben dem Käse. Die Katze liegt unter dem Sessel. Die Maus sitzt zwischen den Flaschen. Das Mädchen steht hinter der Gardine. Die Maus sitzt vor der Flasche.

A 18 a) 1. Die Gardinen hängen vor dem Fenster. 2. Der Tisch steht vor dem Sofa. 3. Das Bild hängt an der Wand. 4. Die Vase steht im Regal. 5. Der Kleiderschrank steht hinter dem Bett. 6. Die Blumenvase steht auf dem Tisch. 7. Der Hocker steht vor dem Sessel.
b) **Beispielsätze:** 1. Die Ordner stehen im Regal. 2. Die Stifte liegen auf dem Schreibtisch. 3. Die Kaffeemaschine steht neben der Kaffeetasse. 4. Der Drucker steht neben dem Schreibtisch. 5. Der Bürostuhl steht vor dem/am Schreibtisch. 6. Der Kalender liegt neben der Lampe. 7. Der Tennisschläger und die Tennisbälle stehen auf dem Fußboden/neben dem Stuhl. 8. Der Laptop steht zwischen der Kaffeetasse und den Stiften. 9. Die Brille liegt vor dem Laptop. 10. Das Telefon steht neben dem Drucker.

A 20 1. Die Stehlampe steht neben dem Bett. Marie stellt sie neben das Sofa. 2. Die Zeitung liegt auf dem Küchentisch. Marie legt sie auf den Fußboden. 3. Der Spiegel hängt im Bad. Marie hängt ihn in den Flur. 4. Das Telefon steht im Wohnzimmer. Marie stellt es neben das Bett. 5. Der Sessel steht neben dem Fenster. Marie stellt ihn vor den Fernseher. 6. Das neue Kleid liegt auf dem Bett. Marie hängt es in den Schrank. 7. Das Bild hängt über dem Sofa. Marie hängt es über den Schreibtisch. 8. Der Blumentopf steht neben der Tür. Marie stellt ihn vor das Fenster. 9. Der Hocker steht neben dem Sofa. Marie stellt ihn vor den Sessel. 10. Der Kühlschrank steht in der Küche. Marie stellt ihn in das Wohnzimmer. 11. Der Computer steht auf dem Schreibtisch. Marie stellt ihn auf die Kommode.

A 21 1. das 2. die 3. den 4. die 5. den 6. die 7. den 8. die 9. den 10. den 11. den 12. den 13. das 14. die

A 25 1. richtig 2. falsch 3. richtig 4. falsch 5. falsch

A 27 1. Nachbarn 2. Nachbarn 3. Sicherheit 4. Sauberkeit 5. Sicherheit 6. Sicherheit 7. Sicherheit 8. Sauberkeit 9. Sauberkeit 10. Nachbarn/Sauberkeit

A 31 1. Dürfen die Kinder im Hof Fußball spielen? 2. Martin darf keinen Alkohol trinken. 3. Darf ich das Fenster öffnen? 4. Dürfen wir unseren Hund mitbringen? 5. Susanne darf noch nicht Auto fahren. 6. Die Mieter dürfen keine laute Musik hören.

B 2 1. richtig 2. falsch 3. falsch 4. richtig 5. richtig

B 3 a) 1. Singles 2. Platz eins belegen 3. auf dem letzten Platz liegen 4. das bedeutet 5. 50 %
b) 1. etwa 2. das heißt 3. allein lebende Menschen 4. An der Spitze 5. die Hälfte 6. das Schlusslicht

C 1 1. in der Küche 2. im Garten 3. in der Garage 4. im Bad 5. im Gästezimmer

C 2 1. auf dem/unter dem 2. zwischen den/hinter den 3. unter dem/auf dem/hinter dem 4. auf dem/unter dem 5. im 6. im

7. in der **8.** im/hinter dem **9.** im **10.** in der **11.** unter der **12.** in der/hinter der/auf der **13.** hinter dem **14.** neben der **15.** vor dem/hinter dem/neben dem/im **16.** hinter den/vor den **17.** unter dem/im **18.** hinter dem/vor dem/im

C 3 1. in einem Einfamilienhaus 2. im Stadtzentrum 3. am Stadtrand 4. in der Nähe vom Bahnhof 5. im Osten von Frankfurt 6. in einer Villa in der zweiten Etage

C 4 1. Die Vase steht auf dem Tisch. Johann stellt sie auf den Schrank. 2. Das Bett steht im Schlafzimmer. Johann stellt es ins Gästezimmer. 3. Der Bücherschrank steht im Arbeitszimmer. Johann stellt ihn in den Flur. 4. Der Tisch steht im Esszimmer. Johann stellt ihn in die Küche. 5. Die Pflanze steht auf dem Fußboden. Johann stellt sie auf den Schreibtisch. 6. Der Sessel steht am Fenster. Johann stellt ihn an die Wand. 7. Der Computer steht auf dem Schreibtisch. Johann stellt ihn auf das Sofatisch. 8. Die Weinflasche steht im Keller. Johann stellt sie in das/ins Wohnzimmer. 9. Die Ordner stehen im Schrank. Johann stellt sie ins Bücherregal.

C 5 1. Gisela wohnt im Stadtzentrum. 2. Das Bier steht im Kühlschrank. 3. Wir stellen es in das/ins Arbeitszimmer. 4. Wir waren im Restaurant. 5. Wir hängen es über das Sofa. 6. Er liegt auf dem Schreibtisch. 7. Sie sind im Schank. 8. Ich gehe ins Büro. 9. Wir legen es unter das Bett. 10. Sie sind noch im Auto.

C 6 1. isst 2. liest, sieht fern 3. schlafen, spielen 4. sitzen, genießen 5. hat

C 7 1. liegt 2. kostet, betragen 3. bezahlen 4. gibt 5. einrichten 6. hat 7. wohnen 8. hat 9. gibt 10. spielen

C 8 die Miete bezahlen, die Hausarbeit machen, neue Möbel kaufen, eine neue Wohnung suchen

C 9 dauert – schreiben – wohne – liegt – finde – essen – gibt – gehe

C 10 Im September beginne ich mit einem Studium an der Ludwig-Maximilians-Universität. Ich suche für meine Studienzeit ein Zimmer in München. Vielleicht können Sie meine Fragen beantworten. Ich brauche folgende Informationen. Gibt es in der Nähe der Universität Zimmer für Studenten? Wie viel kostet ein Zimmer im Monat? Wo kann ich ein Zimmer mieten? Danke für Ihre Hilfe.

C 11 1. fahren 2. kochen 3. wohnen 4. arbeiten

C 12 1. Nein, meine Kinder dürfen nicht bis 22.00 Uhr fernsehen. 2. Nein, ich darf in meinem Büro nicht laut singen. 3. Nein, ihr dürft nicht in der Tiefgarage spielen. 4. Ja, natürlich dürfen Sie/darfst du hier telefonieren. 5. Ja, man darf in diesem Kino Popcorn essen. 6. Nein, hier darf man nicht links abbiegen. 7. Ja, Sie dürfen hier parken./Ja, ihr dürft hier parken.

C 13 1. müssen/können 2. Kann/Darf 3. muss/kann 4. darf 5. kann 6. dürfen 7. kann, muss

C 14 1. wärmer 2. billiger 3. größer 4. langweiliger 5. moderner 6. berühmter 7. frischer 8. hässlicher 9. mehr. 10. lieber 11. älter 12. teurer 13. besser 14. kälter 15. länger 16. kürzer

C 15 1. leise 2. billig 3. hässlich 4. dunkel

C 16 1. die Nähe 2. die Wärme 3. die Kürze 4. die Frische 5. die Tiefe 6. die Weite 7. die Leere 8. die Ruhe 9. die Länge 10. die Kälte 11. die Höhe

C 17 1. Küchen-schrank (Plural: -schränke) 2. Wohn-zimmer (Plural: -zimmer) 3. Markt-platz (Plural: -plätze) 4. Bus-haltestelle (Plural: -haltestellen)

C 18 1. der – das Arbeitszimmer 2. der – das Fenster 3. die – das Mehrfamilienhaus 4. die – das Mädchen 5. das – die Universität 6. die – der Fahrstuhl 7. der – die Vase 8. die – der Ordner 9. die – der Fotoapparat

8   **Begegnungen und Ereignisse**

A 1 Oma: 6, Paul: 1, Christine: 4, Annerose und Joachim: 3, Karl: 2, Beate: 5

A 2 1. wirst 2. wird 3. werden 4. wird 5. werde 6. wirst

A 3 1. Herzlichen Glückwunsch zum Geburtstag! 2. Herzlichen Glückwunsch zur Hochzeit! 3. Herzlichen Glückwunsch zur bestandenen Deutschprüfung! **4.** Herzlichen Glückwunsch zur Beförderung! **5.** Herzlichen Glückwunsch zum 25. Hochzeitstag! **6.** Herzlichen Glückwunsch zum Lottogewinn! **7.** Herzlichen Glückwunsch zur neuen Wohnung!

A 4 **Beispielsätze:** Ich wünsche Paul gute Fahrt und schenke ihm einen Autoatlas. Ich wünsche Christine Gesundheit/gute Besserung und schenke ihr einen Korb mit frischem Obst. Ich wünsche Annerose und Joachim ewige Liebe/gute Nerven und schenke ihnen eine Flasche Champagner. Ich wünsche Karl nette Nachbarn und schenke ihm eine Vase. Ich wünsche Beate viel Erfolg und schenke ihr eine Tafel Schokolade.

A 5 **1.** Ich kaufe ihm eine Flasche Schnaps. **2.** Ich schenke ihm einen Terminkalender. **3.** Ich schenke ihnen zwei Konzertkarten. **4.** Ich kaufe ihm gar nichts. **5.** Ich schenke ihnen 50 rote Rosen. **6.** Ich schenke ihr eine Handtasche. **7.** Ich schenke ihm ein Buch mit Verkehrsregeln. **8.** Ich kaufe mir einen Koffer.

A 8 **Dialog 1**
Kathrin: Hallo Martina, wie geht es dir? Ich habe dich ja lange nicht gesehen.
Martina: Hallo Kathrin. Danke, mir geht es gut. Dir auch? Arbeitest du noch bei Siemens?
Kathrin: Ja natürlich, und es macht mir noch immer Spaß. Arbeitest du noch als Lehrerin?
Martina: Nein, ich bin im Moment zu Hause. Ich habe vor zwei Jahren geheiratet und seit einem Jahr habe ich einen kleinen Sohn.
Kathrin: Was? Das ist ja toll. Ich gratuliere dir! Wie heißt denn dein Sohn?
Martina: Er heißt Moritz. Ach, er ist so süß … Du musst ihn mal sehen … Wohnst du noch mit Torsten zusammen?
Kathrin: Nein, ich habe jetzt eine eigene Wohnung. Sie ist in der Augustusstraße. Ich habe eine tolle Aussicht über die Stadt.
Martina: Das ist doch im Zentrum, oder?
Kathrin: Ja, ich wohne genau über dem Restaurant Milano. Du kannst mich doch mal besuchen.
Martina: Ja gerne, ich wohne jetzt am Stadtrand in einer sehr kinderfreundlichen Umgebung. Aber die Einkaufsmöglichkeiten sind dort nicht so gut. Ich komme gern mal bei dir vorbei. Kann ich meinen Sohn mitbringen?
Kathrin: Natürlich, gerne …
Lösungen:
1. Spaß **2.** Lehrerin **3.** Sohn **4.** Aussicht **5.** Zentrum **6.** Umgebung **7.** mitbringen

Dialog 2
Kathrin: Sind Sie ein Kollege von Susanne?
Stefano: Ja, wir arbeiten im gleichen Büro. Ich heiße Stefano.
Kathrin: Freut mich. Ich heiße Kathrin … Kommen Sie aus Italien?
Stefano: Ja, ich komme aus Mailand.
Kathrin: Sie sprechen sehr gut Deutsch! Wo haben Sie das gelernt?
Stefano: Ich habe an der Technischen Universität München Informatik studiert und bin danach in Deutschland geblieben. Sind Sie eine Freundin von Susanne?
Kathrin: Ja, ich kenne Susanne schon lange. Wir sind in die gleiche Schule gegangen.
Stefano: Was machen Sie jetzt?
Kathrin: Ich arbeite bei Siemens als Assistentin in der Verkaufsabteilung. Ich besuche aber abends noch einen Informatikkurs und einen Französischkurs.
Stefano: Einen Informatikkurs? Warum?
Kathrin: Mein Beruf macht mir Spaß, aber ich möchte nicht die nächsten 100 Jahre Assistentin bleiben … Italienisch finde ich auch eine sehr schöne Sprache, wie Französisch …
Stefano: Italienisch ist einfacher als Deutsch. Wollen Sie auch Italienisch lernen?
Kathrin: Ja, später vielleicht, im Moment hab ich keine Zeit …
Lösungen:

1. Kollege **2.** Mailand/Italien **3.** studiert, geblieben **4.** gleiche **5.** Französischkurs **6.** bleiben **7.** einfacher

A 10 **a) 1.** Kopfschmerzen **2.** Tablette genommen **3.** zum Arzt **4.** in der Apotheke **5.** Krankheit
b) 1. Hause gehen und schlafen **2.** keinen Alkohol trinken **3.** wehtun

A 16 **1.** nein **2.** nein **3.** ja **4.** ja **5.** nein

A 17 **Beispielmail:** Lieber Klaus, ich danke dir für die Einladung. Leider kann ich zu deiner Geburtstagsparty nicht kommen. Ich muss beruflich nach München fahren. Ich hoffe, du verzeihst mir. Ich wünsche dir eine schöne Party, nette Gäste und viel Spaß. Liebe Grüße! Erika

A 18 **1.** Iris konnte gestern Abend nicht kommen, sie musste ihre Eltern vom Bahnhof abholen. **2.** Martin konnte gestern Abend nicht kommen, er musste seine Wohnung sauber machen. **3.** Kerstin konnte gestern Abend nicht kommen, sie musste ihren Bruder im Krankenhaus besuchen. **4.** Birgit konnte gestern Abend nicht kommen, sie musste ihr Auto in die Werkstatt bringen. **5.** Paul konnte gestern Abend nicht kommen, er musste noch fünf E-Mails schreiben. **6.** Peter konnte gestern Abend nicht kommen, er musste seinen Computer reparieren. **7.** Max konnte gestern Abend nicht kommen, er musste zu einer Geschäftsbesprechung nach Rom fliegen. **8.** Petra konnte gestern Abend nicht kommen, sie musste einen Chinesisch-Kurs besuchen. **9.** Heiner konnte gestern Abend nicht kommen, er musste Deutsch-Hausaufgaben machen. **10.** Claudia konnte gestern Abend nicht kommen, sie musste an ihrem Vortrag arbeiten. **11.** Marianne konnte gestern Abend nicht kommen, sie musste mit Kollegen essen gehen. **12.** Franz konnte gestern Abend nicht kommen, er musste eine Präsentation vorbereiten.

A 19 **1.** wollte **2.** konnte **3.** wollte **4.** durfte **5.** konnte **6.** wollte

A 21 **1.** falsch **2.** richtig **3.** falsch **4.** richtig **5.** falsch **6.** falsch **7.** richtig **8.** richtig **9.** richtig

A 22 **2.** neue Produkte zeigen **3.** viele Besucher erwarten **4.** bessere Arbeitsbedingungen fordern **5.** wenig Gehalt bekommen **6.** eine Lösung finden

A 23 **1.** fordern **2.** eröffnen **3.** fliegen **4.** treffen **5.** sein **6.** loben **7.** berichten **8.** singen **9.** aufnehmen **10.** verarbeiten **11.** machen **12.** drehen **13.** spielen **14.** gewinnen **15.** verlieren/ausscheiden

A 24 **1.** das Krankenhaus **2.** der Bürgermeister **3.** die Außenministerin **4.** die Zusammenarbeit **5.** die Fachzeitschrift **6.** der Flughafen

A 25 **regelmäßige Verben:** der Bürgermeister eröffnete, die Mediziner forderten, die Ministerinnen lobten, Wissenschaftler berichteten, Forscher verarbeiteten, sie machten, die Regisseurin drehte, zwei Fußballklubs spielten
unregelmäßige Verben: sie traf, die Beziehungen waren, Mäusemännchen sangen, Forscher nahmen auf, FC Schalke gewann, Eintracht Frankfurt verlor/Eintracht Frankfurt schied aus

A 26 **a) 1.** haben gelobt **2.** haben protestiert **3.** haben gefordert **4.** haben berichtet **5.** haben hörbar gemacht **6.** hat gedreht **7.** haben gespielt **b)** ist geflogen **2.** haben gesungen **3.** hat gewonnen **4.** hat verloren

B 6 **1.** Die Weihnachtsfeier ist jedes Jahr im Dezember. **2.** Die Kolleginnen und Kollegen sitzen zusammen, singen Lieder, tanzen, essen, überreichen Geschenke, reden und trinken Alkohol. **3.** Man kann mit der Chefin oder dem Chef ein privates Gespräch führen. Das Essen und die Getränke kosten nichts.

B 7 **1.** a **2.** b **3.** b **4.** b **5.** a

C 1 **1.** Franziska wird sicher eine berühmte Sängerin. **2.** Wann werdet ihr mit der Arbeit fertig? **3.** Meine Tochter wird bald Ärztin. **4.** Diese Studenten werden später bestimmt gute Ingenieure. **5.** Wer wird der neue Abteilungsleiter?

C 2 **Beispielsätze:** Du schreibst Kathrin einen Brief. Frau Kühne schenkt dem Chef einen Blumenstrauß. Die Kollegen schicken mir eine Postkarte. Matthias kauft Frau Kümmel eine neue Tasche. Die neue Mitarbeiterin sendet dem Kollegen eine E-Mail.

C 3 1. Wem hast du die Flasche Wein geschenkt? Meiner Freundin. 2. Wem hast du die Geschichte erzählt? Meiner Mutter. 3. Wem hast du den Blumenstrauß gekauft? Meiner Oma. 4. Wem hast du das Foto gezeigt? Meinem Bruder. 5. Wem hast du die E-Mail gesendet? Meinem Chef.

C 4 **können:** Ich kann, Er kann, Christine und Michael können
müssen: Mein Chef muss, Peter muss, Ich muss
sollen: Ihr sollt, Frau Krüger soll, Wir sollen
dürfen: Du darfst, Man darf, Sie dürfen/Sie darf
wollen: Wir wollen, Mein Bruder will, Meine Freunde wollen
möchte(n): Wir möchten, Ich möchte, Mein Kollege möchte

C 5 1. müssen 2. sollst 3. kann 4. darfst 5. musst 6. möchte/muss 7. soll 8. musst, darfst

C 6 1. wollte 2. durfte 3. musste 4. sollte 5. musste 6. konnte 7. durfte 8. konnte

C 7 Hallo Otto, ich bin gestern gut in London angekommen. Zuerst bin ich mit der Metro ins Stadtzentrum gefahren. Das hat ungefähr 45 Minuten gedauert. Dann habe ich das Hotel gesucht. Nach 20 Minuten habe ich es gefunden. Gestern Abend habe ich mit Christian das Musical „Das Phantom der Oper" gesehen. Danach haben wir in einem indischen Restaurant gegessen. Heute früh haben wir den „Tower" besichtigt und eine Bootsfahrt gemacht. Die Bootsfahrt hat uns sehr gut gefallen. Es ist ganz toll hier. Ich rufe Dich bald an. Liebe Grüße von Marie

C 8 1. Er hat als Finanzberater bei einer Bank gearbeitet. 2. Er hat viele Termine vereinbart. 3. In der Bank hat er Gespräche geführt. 4. Er hat täglich 50 E-Mails geschrieben. 5. Am Wochenende hat er Golf gespielt. 6. Am 5. Mai 2019 hat Karl bei einem Turnier gewonnen. 7. Im Juli hat er ein rotes Cabrio gekauft. 8. Im Sommer ist er mit dem Cabrio nach Spanien gefahren. 9. In Spanien hat er viel Wein getrunken. 10. Karl hat ein Museum für moderne Kunst in Madrid besucht. 11. Dort hat er Antonia getroffen. 12. Im Januar hat er seine spanische Freundin geheiratet.

C 9 1. Hast du die E-Mail schon beantwortet? 2. Hast du den Termin schon abgesagt? 3. Hast du die Rechnung schon bezahlt? 4. Hast du schon einen Termin beim Arzt vereinbart? 5. Hast du schon einen Tisch reserviert? 6. Hast du schon die Hausaufgaben gemacht? 7. Hast du schon die Tabletten eingenommen? 8. Hast du der Oma schon das Foto gezeigt? 9. Hast du Otto schon die Geschichte erzählt? 10. Hast du deiner Mutter schon die Handtasche geschenkt?

C 10 1. von 2. zur 3. zum 4. mit 5. von 6. für 7. zum 8. mit 9. für 10. zu 11. mit 12. für

A **Anhang**

Übungstest zur Prüfungsvorbereitung

HÖREN

Teil 1: Gespräche

1. ■ Hallo Bettina, kannst du mir bitte schnell die Telefonnummer von Frau Weber geben? Ich kann sie nicht finden.
   □ Moment, Peter, ich habe sie erst gestern irgendwo gesehen … Ach ja, hier ist sie: 227654.
   ■ Danke. Ich muss mit ihr dringend einen Termin vereinbaren. Wir müssen über ihr Marketingkonzept sprechen.

2. ■ Rezeption.
   □ Joseph Schrader hier. Ich habe ein Problem. Der Fernseher in meinem Zimmer funktioniert nicht.
   ■ Welches Zimmer ist das, Herr Schrader?
   □ Zimmer 381.
   ■ 381, der Fernseher geht nicht. Ich habe es notiert, ich schicke gleich jemanden nach oben.
   □ Vielen Dank.

3. ■ Guten Tag. Ich hätte gern zwei Karten für den neuen James-Bond-Film.
   □ Für halb sieben, halb neun oder elf Uhr?
   ■ Halb neun.
   □ Das macht zweimal 7 Euro 50, sind zusammen 15 Euro. Hier sind Ihre Karten. Viel Spaß!
   ■ Danke.

4. ■ Guten Tag, ich habe einen Termin mit Frau Fischer.
   □ Ihr Name ist …
   ■ Ramirez. Martin Ramirez. Ich habe mit ihr einen Termin um 13.30 Uhr. Aber … ich war noch nie hier. Wo finde ich das Büro von Frau Fischer?
   □ Ihr Büro ist im zehnten Stock, Zimmer 582. Sie können den Fahrstuhl oder die Treppe nehmen.
   ■ Bis zum zehnten Stock nehme ich lieber den Fahrstuhl.

5. ■ Entschuldigung, was kosten diese Birnen hier?
   □ 3 Euro 25.
   ■ 3 Euro 25! Warum sind die so teuer?
   □ Das sind Bio-Birnen von bester Qualität. Die normalen Birnen da links sind natürlich etwas billiger: 2 Euro 60 das Kilo.
   ■ Danke. Ich nehme dann doch zwei Kilo Bio-Birnen.

6. ■ Entschuldigung, wie komme ich zur Apotheke?
   □ Zur Apotheke? Hm, am besten gehen Sie geradeaus bis zur Kreuzung. An der Kreuzung gehen Sie rechts, das ist die Beethovenstraße. Die Apotheke ist in der Beethovenstraße auf der linken Seite gleich neben dem Supermarkt.
   ■ Also bis zur Kreuzung und dann rechts in die Beethovenstraße …
   □ Ja.
   ■ Danke schön.

Lösungen: 1. c 2. b 3. b 4. c 5. a 6. c

Teil 2: Mitteilungen

1. Achtung am Gleis 3. Der Intercity aus München zur Weiterfahrt nach Hamburg, planmäßige Abfahrtszeit 13.45 Uhr, hat eine Verspätung von ungefähr 15 Minuten.
2. Achtung, bitte! Der Besitzer des roten Volkswagen Golf mit dem Kennzeichen M – TO 381 wird zum Ausgang gebeten. Der Besitzer von M – TO 381 bitte dringend zum Ausgang kommen.
3. Und nun das Wetter für morgen: Am Vormittag ist das Wetter sonnig, die Temperatur liegt bei 24 Grad. Am Nachmittag ist es teilweise sonnig, teilweise bewölkt, mit leichtem Regen im Norden. Die Temperatur am Spätnachmittag liegt bei 18 Grad.
4. Liebe Kunden! Besuchen Sie unsere Herrenabteilung im dritten Stock. Wir erwarten Sie mit unserer neuen Sommerkollektion. Hier finden Sie italienische Anzüge ab 299 Euro oder modische Hemden ab 29 Euro ! Wir beraten Sie beim Einkauf gern.

Lösungen: 7. richtig 8. richtig 9. richtig 10. falsch

Teil 3: Telefonische Mitteilungen

1. Hier ist das Reisebüro Sommer, guten Tag. Leider haben wir im Moment geschlossen. Unsere Öffnungszeiten sind von Montag bis Freitag 8.30 bis 16.30 Uhr. Sie können uns gern eine Nachricht hinterlassen, wir rufen Sie so bald wie möglich zurück.
2. Guten Tag, Frau Klein. Hier ist das Restaurant Marco Polo. Sie hatten bei uns einen Tisch für sechs Personen reserviert – für den Freitagabend. Leider haben wir einen Fehler bei der Reservierung gemacht. Wir haben am Freitagabend keinen Tisch mehr frei. Am Samstag haben wir noch einen Tisch für vier Personen und am Sonntag für sechs Personen. Vielleicht können Sie am Sonntag kommen. Montag haben wir geschlossen. Bitte rufen Sie uns so schnell wie möglich an.
3. Hallo Paul, hier ist Andreas. Willst du mit mir am Wochenende ins Stadion gehen? Ich habe zwei Karten für das Fußballspiel VfB Stuttgart – Borussia Dortmund am Sonntag. Ruf mich mal an oder schicke mir eine SMS, ob du Lust und Zeit hast. Danke, tschüss.

4. Hallo Carsten, Susanne hier. Ich war im Supermarkt und habe alles eingekauft … nur den Wein und die Orangen habe ich vergessen. Brot habe ich gekauft. Kaufst du bitte auf dem Heimweg eine Flasche Rotwein zum Abendessen und drei Kilo Orangen? Wir essen heute Abend etwas ganz Leckeres. Okay, bis dann.

5. Hallo Anke, Steffi hier. Es tut mir leid, aber ich kann morgen nicht mit dir einkaufen gehen. Mein Sohn ist krank, er hat Fieber und ich muss mit ihm zu Hause bleiben. Ich rufe dich später nochmal an. Tschau.

Lösungen: 11. b **12.** a **13.** c **14.** a **15.** b

LESEN

Teil 1: 1. falsch **2.** richtig **3.** richtig **4.** richtig **5.** falsch

Teil 2: 6. a **7.** b **8.** a **9.** a **10.** a

Teil 3: 11. richtig **12.** richtig **13.** falsch **14.** richtig **15.** falsch

Textquellen:

S. 128, B1 Inf. aus: Bernhard Weidenbach: Tägliche Nutzungsdauer ausgewählter Medien in Deutschland im Jahr 2019. Statista, 17.09.2019 [https://de.statista.com/statistik/daten/studie/165834/umfrage/taegliche-nutzungsdauer-von-medien-in-deutschland/]

S. 157, B2 Inf. aus: Jochen Mai: Traumurlaub. 10 Kriterien für den perfekten Urlaub. karrierebibel.de, 30.12.2016 [https://karrierebibel.de/traumurlaub/]

S. 158, B3 Inf. aus: Im ADAC-Test: zehn europäische Urlaubsländer. eltern.de [https://www.eltern.de/familie-und-urlaub/reise/urlaub-nebenkosten.html]

S. 185, B1 Inf. aus: Katharina Grimm: Mama, Papa und drei Kinder? Das hat mit Deutschlands Realität wenig zu tun. stern.de, 14.11.2019. [https://www.stern.de/wirtschaft/immobilien/singles-statt-familien--deutschland-wird-zum-single-land-7674306.html]; Stadt, Land, Vorurteil. DIE ZEIT, 12.9.2017, [https://www.zeit.de/feature/deutsche-bevoelkerung-stadt-land-unterschiede-vorurteile]; Wohneigentumsquote in ausgewählten europäischen Ländern im Jahr 2019. statista, 15.12.2020 [https://de.statista.com/statistik/daten/studie/155734/umfrage/wohneigentumsquoten-in-europa/]

S. 210, B1 Inf. aus: Europa-Vergleich: Wer hat die meisten Feiertage? fti.de, 2.2.2018 [https://www.fti.de/blog/allgemein/feiertage-europa/]

Bildquellen:

© **stock.adobe.com:** Monkey Business (Cover); **S. 109** contrastwerkstatt (1), Andrey Popov (2), CandyBox Images (3), NDABCREATIVITY (4); **S. 112** Victor Koldunov (1), Jeanette Dietl (2); **S. 114** Rostislav Sedlacek; **S. 116** cherryandbees; **S. 120** Woody Alec; **S. 121** Elenathewise; **S. 123** Alva Steury; **S. 125** chungking (1), krasyuk (2), warloka79 (3), pioneer111 (4); **S. 128** harbucks; **S. 129** Gorodenkoff; **S. 131** Drobot Dean; **S. 141** LIGHTFIELD STUDIOS (1), Goffkein (2), Mediteraneo (3); **S. 145** New Africa (5), pogonici (6), Gresei (7), cherry26 (8); **S. 147** NDABCREATIVITY; **S. 151** sveta (1), Jimmy R (2); **S. 152** guruXOX; **S. 154** Iryna; **S. 155** Wellnhofer Designs; **S. 157** robbie (1); **S. 158** seqoya; **S. 162** Schlierner; **S. 163** Kuzmick (4); **S. 165** NDStock; **S. 169** fizkes (1), Andrey Popov (2), Petra Homeier (3); **S. 170** Photographee.eu (3), Jörg Lantelme (6); **S. 172** gpointstudio; **S. 181** Halfpoint; **S. 185** Val Thoermer; **S. 186** kama71; **S. 190** Monkey Business; **S. 191** Lev Karavanov; **S. 197** Maha Heang 245789 (1), Svitlana (2), LIGHTFIELD STUDIOS (3); **S. 198** studiostoks (5); **S. 199** W. Heiber Fotostudio; **S. 204** picsfive (2); **S. 205** conejota; **S. 206** Voyagerix; **S. 208** oatawa; **S. 212** FotoAndalucia; **S. 216** johann; **S. 221** smolaw11 (1), Robert Kneschke (2); **S. 226** Sina Ettmer; **S. 227** rawpixel.com (2), Dieter Hawlan (3), Marina Lohrbach (5), LIGHTFIELD STUDIOS (6)

© **pixabay.com:** **S. 142** Susbany (1), Ana_J (2), giani (3), zanna-76 (4); **S. 144** piviso; **S. 145** ralfskysegel (1), Schwoaze (2), WebWertig (3), Heidelbergerin (4); **S. 157** Nicole Pankalla (2); **S. 163** polyquer (1), René Venema (2), phybawi (3); **S. 177** Rebecca Holm; **S. 198** Strauss (1), suju (2), congerdesign (4), moicoeurly (6); **S. 200** Michael Schwarzenberger; **S. 211** Christin Kurth; **S. 227** andreas160578 (1)

© **D. Liebers:** **S. 170** (1, 2, 4, 5, 7); **S. 178**; **S. 227** (4)

ZeicŠungen: Jean-Marc Deltorn